Biblioteca de Derecho Privado

Enrico del Prato
(Director)

Carlos Antonio Agurto Gonzáles
Sonia Lidia Quequejana Mamani
Luis Alejandro Luján Sandoval
Edmundo Trujillo Blas
(Coordinadores Generales)

PIERO SCHLESINGER
Profesor Emérito
Universidad Católica del Sagrado Corazón
Milán

EL PAGO AL TERCERO

Ediciones Olejnik

El pago al tercero

© Ediciones Olejnik
Huérfanos 611, Santiago-Chile
E-mail: contacto@edicionesolejnik.com
Web site: http://www.edicionesolejnik.com

Primera edición: 2017

ISBN: 978-956-7799-80-0

Diseño de Carátula: Ena Zuñiga
Diagramación: Janett Ruiz Rebaza

Impreso en Argentina 2017 Printed in Argentina

Índice de materias

Capítulo tercero
El pago al tercero en sentido propio

Sección I
El fundamento causal de la prestación efectuada al tercero

Sección II
El pago al sujeto legitimado para recibir en sustitución del acreedor (Art. 1.188)

SECCIÓN III
EL PAGO AL DELEGATARIO (ART. 1.269)

SECCIÓN IV
COMPARACIÓN ENTRE LAS DOS HIPÓTESIS

Capítulo cuarto
El pago liberatorio a sujetos no legitimados para recibir

A mis padres

A. de la E. M.-R.

Prólogo

Es para mí de gran satisfacción que Ediciones Olejnik me haya solicitado prologar la traducción al español del libro del profesor Piero Schlesinger, titulado «El pago al tercero».

Considero que se hace un gran trabajo al publicar la obra del profesor Schlesinger, permitiendo de este modo que estudiantes y abogados puedan acceder un libro tan valioso como éste.

Como indica el propio autor, la obra ha sido escrita con referencia al ordenamiento jurídico italiano; sin embargo, ésta no constituye una limitación para que perfectamente podamos encontrar correspondencia en el ordenamiento de otros países. Recordemos que el código civil chileno establece en sus artículos 1576, 1577 y 1578[1] la posibilidad de que el pago pueda ser efectuado a una persona diversa al acreedor mismo, o a quienes le hayan sucedido en el crédito, o a la persona que la ley o el juez

---

1 Artículo 1576.- Para que el pago sea válido, debe hacerse o al acreedor mismo (bajo cuyo nombre se entienden todos los que le hayan sucedido en el crédito, aun a título singular), o a la persona que la ley o el juez autoricen a recibir por él, o a la persona diputada por el acreedor para el cobro.
El pago hecho de buena fe a la persona que estaba entonces en posesión del crédito, es válido, aunque después aparezca que el crédito no le pertenecía.
Artículo 1577.- El pago hecho a una persona diversa de las expresadas en el artículo precedente es válido, si el acreedor lo ratifica de un modo expreso o tácito, pudiendo legítimamente hacerlo; o si el que ha recibido el pago sucede en el crédito, como heredero del acreedor, o bajo otro título cualquiera.
Cuando el pago hecho a persona incompetente es ratificado por el acreedor, se mirará como válido desde el principio.
Artículo 1578.- El pago hecho al acreedor es nulo en los casos siguientes:
1. Si el acreedor no tiene la administración de sus bienes; salvo en cuanto se probare que la cosa pagada se ha empleado en provecho del acreedor, y en cuanto este provecho se justifique con arreglo al artículo 1688;
2. Si por el juez se ha embargado la deuda o mandado retener su pago;
3. Si se paga al deudor insolvente en fraude de los acreedores a cuyo favor se ha abierto concurso.

autoricen a recibir por él, o a la persona diputada por el acreedor para el cobro.

En el presente libro, el profesor Piero Schlesinger estudia la figura del pago al tercero, enfocándose inicialmente en qué se puede entender como «destinatario del pago», restringiendo esta noción sólo a las obligaciones» de dar (*obligatio tradenti*).

De este modo, en el capítulo primero, denominado «Noción de "destinatario de pago"», se analiza lo equivocado de la noción de destinatario de pago, a partir de los posibles significados de dicha expresión, esto es, a) El sujeto que tiene interés en el cumplimiento; b) el sujeto que trae un enriquecimiento de la prestación; c) el sujeto cuya cooperación es necesaria para la *solutio*; d) el sujeto que constituye punto de referencia para la determinación de la prestación.

Este análisis resulta necesario, pues permite individualizar el único significado que a tal expresión es implícitamente reservado por la doctrina y por el legislador, esto es, el significado técnico de la expresión, en el que «el destinatario del pago» es el sujeto al cual debe efectuarse la entrega de la cosa en cumplimiento de una *obligatio tradenti*.

No obstante, a pesar de esta individualización del significado, lo cierto es que aun así no se ha determinado a quién debe ser efectuada la *traditio*, quien no necesariamente será el acreedor. Por tal motivo, se aborda como hipótesis de no coincidencia entre destinatario del pago y acreedor: a) «legitimación para recibir» en sustitución del acreedor; b) delegación de pago.

Sobre la base de lo anterior, en el capítulo segundo, titulado «El pago al acreedor», se estudia este tema como confrontación al estudio del pago al tercero, cuya situación es la considerada como normal. En este sentido, el profesor Schlesinger señala que la comparación entre pago al acreedor y pago al tercero lleva a examinar respecto a cada una de las dos hipótesis, no sólo el problema de la justificación causal de la *traditio*, sino también el problema de las eventuales modalidades que deben acompañar a la entrega del bien para permitir la realización de tales funciones.

En ese sentido, Schlesinger parte de la concepción del pago como contrato, indicando que la doctrina antigua consideraba como cumplimiento de la obligación sólo al comportamiento solutorio acompañado de un contrato entre deudor y acreedor. Al respecto, indica que tal concepción —fundada sobre la pretendida eficacia traslativa del contrato— no puede compartirse.

Indica que es preciso concluir que *in obligatione* puede ser deducido tanto un comportamiento negocial, esto es, idóneo para satisfacer el interés del acreedor por los efectos jurídicos que de él derivan, como un comportamiento no negocial, idóneo, por tanto, para satisfacer el interés del acreedor mediante los solos resultados que provoca en la realidad fenoménica.

A continuación, en el capítulo tercero, «El pago al tercero en sentido propio», el profesor Schlesinger realiza un profundo análisis del pago al tercero, para lo cual divide éste el capítulo tercero en cuatro secciones.

La primera, dedicada al fundamento causal de la prestación efectuada al tercero, en la que indica que hay una duplicidad de las causas: la relación de cobertura y la relación de valuta.

La segunda sección, está dedicada al estudio del pago al sujeto legitimado para recibir en sustitución del acreedor, en la que el profesor Schlesinger concluye que la persona indicada por el acreedor es un representante voluntario para recibir, que está identificada con la figura del *adiectus solutionis causa*. En tal caso, se destaca que el pago realizado al sujeto legitimado tiene plena eficacia liberatoria para el deudor.

La tercera sección aborda el pago al delegatario, en la que el autor —con acierto— indica que la delegación no constituye una autorización. Señala que mientras en el caso de legitimación para recibir, el pago al tercero hace hincapié en el presupuesto de legitimación del *accipiens*, puede decirse sobre la relación de valuta, tendiendo a la realización de la relación de cobertura; en el caso de delegación de deuda, el pago al tercero hace hincapié en la relación de cobertura y tiende a la realización de la relación de valuta.

Finalmente, en la cuarta sección, Schlesinger afronta el problema de la diferenciación entre la delegación y el poder para el cobro, indicando que la doctrina prevalente describe la diferencia entre las dos figuras, afirmando que el delegatario recibe la prestación en nombre propio, mientras que el apoderado la recibe en nombre del *dominus*.

Sin embargo, para Schlesinger el criterio diferenciador entre la delegación y el apoderamiento debe ser buscado teniendo exclusivamente como referencia la intención del acreedor. Así pues, si la declaración dirigida por él al deudor es interpretada como una invitación a cooperar con el mismo acreedor para hacer llegar un bien a manos de un tercero «por cuenta» del declarante, se está en presencia de una delegación; si la declaración dirigida al deudor es interpretada como una orden de pagar al acreedor por medio de un tercero, se está en presencia de un apoderamiento.

A partir del criterio diferenciador expuesto, Piero Schlesinger hace alusión a las más importantes variedades que existen en la disciplina positiva respecto de las dos figuras de obligación que tienen a un tercero como a destinatario del pago y de su *solutio*.

Finalmente, en el capítulo cuarto, Schlesinger analiza el pago liberatorio a sujetos no legitimados para recibirlo, esto es, cuando el deudor efectúa el pago en manos de sujetos que no estarían legitimados para recibirlo y, a pesar de ello, logra conseguir la liberación de la obligación. En este sentido, dedica este capítulo cuarto al examen de los supuestos del pago liberatorio a sujetos no legitimados para recibirlo, entre los que se encuentran: el pago a un *negotiorum gestor*, es decir, al gestor de negocios, cuando concurra el requisito del *utiliter coeptum*; el pago al acreedor aparente; el pago al legitimado cartular no titular del crédito; el pago al acreedor del acreedor que actúa por vía subrogatoria; el pago al no acreedor seguido por la ratificación o por el provecho del verdadero acreedor.

Como se puede observar, el estudio sobre el pago al tercero que realiza Piero Schlesinger, tiene directa importancia dentro del ordenamiento jurídico chileno, conforme se aprecia de los artículos 1576 y 1578 de su Código Civil, en los que se contempla que el pago es válido si se hace al acreedor mismo o la persona que la ley o el juez autoricen a recibir por él, o a la persona diputada por el acreedor por el cobro. Asimismo, cuando se indica que el pago hecho a una persona diversa a las anteriores es válido, si el acreedor lo ratifica de un modo expreso o tácito; o si el que ha recibido el pago sucede en el crédito, como heredero del acreedor, o bajo otro título cualquiera.

Antes de concluir, debo señalar a título de referencia,[2] que en mi país, el Perú, el pago al tercero está regulado en el artículo 1224 del Código Civil de 1984, que establece sólo es válido el pago que se efectúe al acreedor o al designado por el juez, por la ley o por el propio acreedor, salvo que, hecho a persona no autorizada, el acreedor lo ratifique o se aproveche de él.

El principio general que inspira esta materia es que el pago deberá efectuarse al acreedor de la obligación, vale decir, a quien realmente se debe la prestación en virtud de cualquiera de las fuentes de las obligaciones. El precepto contenido en el artículo 1224 del Código Civil es de meridiana evidencia. Sin embargo, creemos que las opiniones que anotamos a continuación ilustran con mayor profundidad el tema.

Dice Giorgi[3] que quien paga mal, paga dos veces, por lo que considera importantísima la teoría que enseña a quién debe ser hecho el pago. En tal sentido, se paga bien al acreedor capaz de recibir o a quien le represente en debida regla, pero, por excepción, el pago resulta a veces válido por el concurso de circunstancias sobrevenidas, aun cuando haya sido hecho al acreedor incapaz o a quien no le representaba. Ésas son las tres proposiciones generales en que se compendia toda la teoría.

Manuel Augusto Olaechea[4] señalaba a este respecto, comentando el Primer Anteproyecto de Libro V, que: «El acreedor que recibe el pago debe ser capaz de administrar sus bienes, porque

---

2 Estas expresiones se basan en las vertidas en el *Tratado de derecho de las obligaciones* que escribí junto al doctor Felipe Osterling Parodi (Osterling Parodi, Felipe y Mario Castillo Freyre. *Tratado de derecho de las obligaciones.* Lima: Thomson Reuters, 2004.

3 Giorgi, Giorgio. *Teoría de las obligaciones en el Derecho moderno.* Expuesta conforme a la doctrina y a la jurisprudencia italiana, francesa, alemana, etcétera. Traducida de la sétima edición italiana y anotada con arreglo a las legislaciones española y americanas, por la redacción de la *Revista General de la Legislación y Jurisprudencia.* Madrid: Imprenta de la Revista de Legislación, 1909, volumen i, pp. 93 y 94.

4 En: Comisión Reformadora del Código Civil Peruano de 1852. *Código Civil.* Lima: Imprenta Castrillón, 1928,fascículo quinto, p. 179.

el pago es un modo de extinguir obligaciones, con la única limitación a que se refiere el artículo 204 del presente Anteproyecto, que es la reproducción literal del artículo 2222 del Código Civil (se refería al Código Civil de 1852) y cuyo fundamento se percibe sin dificultad».

Por su parte, José León Barandiarán[5] expresa que «No requiere fundamentación el hecho de que el pago debe hacerse al acreedor. En su defecto ha de hacerse a la persona que lo represente. Al decir la ley que el pago, para que sea válido, ha de hacerse al acreedor, comprende tanto al acreedor originario como a sus sucesores, o a un cesionario del crédito».

Dentro de la doctrina clásica europea, Huc[6] señala que el deudor que quiere liberarse, debe estar atento para verificar si aquel a quien ofreció el pago es su acreedor o el representante válidamente constituido de su acreedor, o que está en posesión del crédito. Debe verificar incluso si éste es capaz de recibir, pues si este último no era capaz, la ley teme que malgaste la cantidad recibida, sin ningún beneficio para él, de tal modo que habría enajenado su crédito sin obtener en realidad las ventajas que éste le debía dar.

Agrega el ilustre profesor francés que como consecuencia de ello, el pago hecho al acreedor no es válido si era incapaz para recibirlo, a menos que pruebe el deudor que la cosa pagada ha redundado en provecho del acreedor; razón por la cual es suficiente con que el deudor establezca que el acreedor hizo uso del dinero que le pagó, dinero que era favorable para él cuando se hizo este uso. Poco importa que subsista aún el beneficio o ya no subsista en el momento de la demanda. En tal sentido, a decir de Huc, la condición del deudor que acaba de pagar dependerá del uso, bueno o malo, que hará el incapaz. Tanto peor para el deudor, quien no podría acogerse a la incapacidad de su acreedor para demandar que se confirme el pago o que se le restituya la cosa pagada.

---

5 León Barandiarán, José. *Comentarios al Código Civil peruano. Obligaciones*. Buenos Aires: Ediar. Sociedad Anónima Editores, 1954, tomo II, p. 275.

6 Huc, Théophile. *Commentaire Théorique et Pratique du Code Civil*. París: Librairie Cotillon, F. Pichon, Successeur, Éditeur, 1897, tomo VIII, p. 41.

Las hipótesis planteadas por el Código Civil de mi país, en su numeral 1224, son las cinco que mencionamos a continuación:

1. Pago hecho al acreedor

Ésta es la forma común de efectuar un pago, vale decir, ejecutarlo en favor del acreedor de la prestación.

2. Pago hecho al designado por el juez

El pago hecho al designado por el juez no debemos entenderlo dentro del supuesto del pago por consignación. Se trata de un caso distinto, en el que se determina a una persona para recibir el pago.

Así, la orden emanada de una sentencia; o un embargo en forma de intervención en que se notifica al deudor para que haga los pagos al interventor y no al acreedor.

3. Pago hecho al designado por la ley

Cabe también la posibilidad de que la ley (si ésta fuese la fuente de la obligación) señalase a una persona distinta al acreedor para que se le efectúe el pago. En este caso, él sería válido.

4. Pago hecho al designado por el acreedor

Es posible que el propio acreedor designe a una persona para que reciba el pago. En este caso el deudor deberá acatar tal designación y el pago surtirá efectos plenos.

A nuestro entender, podría tratarse de un nuncio o mensajero, o de un representante o apoderado del acreedor. En ambos supuestos sería de aplicación el precepto bajo análisis.

Pero, como enseñan Cazeaux y Trigo Represas[7], conviene tener presente que el pago al representante es, en definitiva, una variante del pago al propio acreedor, ya que a éste se habrán de imputar los actos de aquél.

---

7 Cazeaux, Pedro N. y Félix A. Trigo Represas. *Compendio de Derecho de las Obligaciones*. La Plata: Editorial Platense, 1986, tomo ii, p. 161.

En tal orden de ideas, Alterini, Ameal y López Cabana[8] enseñan que el pago debe ser hecho al tercero indicado o *adjectus solutionis gratia*, o *adjectus solutionis causa*, que es quien ha sido señalado para percibir el crédito.

El *adjectus* —a entender de los profesores citados— se diferencia del mandatario, porque éste tiene «poder» para recibir el pago, en tanto que aquél está simplemente investido de una «cualidad» para percibirlo. Esa cualidad de ser *accipiens* surge «de un derecho propio, abstracto», sin perjuicio de la relación interna que tenga con el acreedor, pues en la relación interna, el *adjectus* puede ser, en realidad, mandatario del acreedor o el beneficiario titular activo del crédito, etcétera. Por el carácter abstracto que reviste el derecho del tercero indicado para el pago, una vez designado, el acreedor no puede dejar unilateralmente sin efecto su designación: el pago debe hacérsele a él «aunque lo resista el acreedor».

Pero —agregan—, puestos de acuerdo el acreedor y el deudor, tal designación es revocable, a menos que el tercero indicado ya «la hubiese aceptado y hecho saber al obligado».

5. PAGO HECHO A PERSONA NO AUTORIZADA

El último supuesto de validez del pago previsto en el artículo 1224 del Código Civil peruano es aquél efectuado a persona distinta del acreedor (se entiende también, en este caso, a persona diferente de la señalada por el acreedor, por el juez o por la ley), pero que, recibido por ésta, es ratificado por el acreedor o éste se aprovecha de él.

Este supuesto (el pago hecho a persona no autorizada) comprende, a su vez, tres hipótesis:

5.1. Que el acreedor ratifique el pago

Supongamos, por nuestra parte, que un deudor debe a su acreedor la cantidad de diez mil soles, por concepto de renta, los que deberán ser pagados el día 22 de mayo. Pero en dicha fecha

---

8 ALTERINI, Atilio Aníbal, Oscar José AMEAL y Roberto M. LÓPEZ CABANA. *Curso de Obligaciones*. Buenos Aires: Editorial Perrot, tomo I, p. 109.

el acreedor se encuentra de viaje y es el único hijo del mencionado acreedor quien se presenta a cobrar la deuda, y el deudor paga a este último, quien no cuenta con poder alguno que lo faculte a recibir el pago.

En el ejemplo anotado, si el hijo entrega a su padre (acreedor) el monto íntegro de la renta y el padre, a la vez, comunica a su arrendatario que ratifica el pago recibido por su hijo, podríamos decir que resulta evidente que el pago surtirá todos sus efectos.

Ya se refería Demolombe[9] a que si el acreedor ratificó el pago que el deudor había hecho a manos de un tercero sin calidad para recibirlo, evidentemente renunció al derecho que tenía de demandar la nulidad de este pago. Desde entonces es como si este tercero tuviese la calidad de mandatario del acreedor, pues la ratificación equivale retroactivamente a un mandato, el cual deberá ser provisto en el momento del pago. Precisa Demolombe que, en efecto, es desde este momento mismo que data la validez del pago cuya nulidad originaria desaparece; y agrega que esta ratificación puede ser expresa o tácita. Y en ningún caso está sometida a forma especial alguna.

Por otro lado, señala Demolombe que basta una simple manifestación de voluntad para este efecto.

En cuanto a la ratificación tácita, ésta puede tener como resultado los hechos —cuya apreciación corresponde a los magistrados—, los que testifiquen por parte del acreedor la voluntad de considerar por bien realizado el pago que hizo el deudor a este tercero sin ningún poder.

Giorgi,[10] por su parte, nos dice que es verdad que no necesita demostración el que un pago mal hecho en manos de quien no tenía la representación del acreedor, o bien del acreedor incapacitado, puede hacerse válido mediante la ratificación o el acto de confirmación. Sólo ha de advertirse que la ratificación puede ser expresa o tácita y la confirmación debe intervenir después que el acreedor haya sido capacitado; *v. gr.*, cuando el menor ha llegado a mayor, o bien debe partir de los legítimos representantes del

9 Demolombe, *Cours de Code Napoléon*. París: Auguste Durand y L. Hachette et Cie. Libraires, 1870, tomo xxvii, pp. 145 y 146.

10 Giorgi, Giorgio. *Op. cit.*, tomo vii, pp. 116.

incapaz. Por lo demás, la ratificación no exige palabras solemnes y puede ser —como ha sido dicho— hasta tácita.

Ernesto Clemente Wayar[11] opina, respecto a este tema, que se trata de una solución lógica, que no requiere mayores explicaciones, puesto que si el acreedor ratifica la percepción del pago por el tercero lo convierte en un simple mandatario suyo, con lo cual desaparece el problema que aquí nos ocupa. La ratificación, por otra parte, hace presumir que el acreedor está satisfecho con el pago realizado, o bien que no ha sufrido perjuicio alguno; no hay obstáculos, entonces, para afirmar su validez.

Agrega Wayar —en criterio que hacemos nuestro— que la ratificación, por aplicación de las reglas generales, puede ser expresa o tácita. Se entiende que hay ratificación cuando el deudor toma conocimiento, por cualquier medio que pueda ser probado, de la voluntad del acreedor de confirmar la intervención del tercero. No es necesario que la voluntad del confirmante se dirija directamente a ratificar el pago (ratificación expresa), ya que produce el mismo efecto la declaración dirigida a otro fin, pero de la cual se deduzca —por elipsis— que el declarante considera válido el pago (ratificación tácita). Precisa el citado profesor argentino que la doctrina señala como ejemplos de esta especie de ratificación los siguientes: (1) el caso en que el acreedor acusa recibo o comunica que ha tomado conocimiento, sin oponer objeción alguna, del pago realizado al tercero; (2) el caso en que el acreedor interpela o demanda al tercero, reclamándole la restitución de lo que recibió del deudor; (3) el caso en que el acreedor demanda al deudor y deduce las sumas que éste le haya pagado con anterioridad al tercero.

Expresa Wayar, por último, que el simple conocimiento que el acreedor tenía al tiempo de ser efectuado el pago, y aunque no se haya formulado oposición alguna, no equivale a aceptación o ratificación del pago al tercero, salvo que con posterioridad al pago permanezca en actitud pasiva, sin reclamar ni formular oposición.

---

11 WAYAR, Ernesto Clemente. *Derecho Civil. Obligaciones*. Buenos Aires: Ediciones Depalma, 1990, tomo I, p. 354.

Por su parte, Cazeaux y Trigo Represas[12] señalan que, por lo demás, al igual que sucede con el mandato, la ratificación puede ser expresa o tácita, pudiendo esta última realizarse bajo cualquier forma, siempre que se pueda conocer con certidumbre la existencia de la voluntad del acreedor en tal sentido. Así, agregan, se han admitido como supuestos de ratificación tácita, entre otros, los siguientes: el del acreedor que se dirige al tercero reclamándole le gire lo cobrado; el del acreedor que descuenta de un reclamo posterior efectuado a su deudor la parte anteriormente satisfecha por el tercero; o el del acreedor que acusa recibo a la carta del tercero, en que éste le manifiesta haber recibido un pago por su cuenta; etcétera.

Refiriéndose Busso[13] a la forma que puede revestir dicha ratificación, señala que en el caso del pago por el acreedor puede ser expresa o tácita. Y en ninguno de los dos casos está sometida a formas especiales.

Anota Busso que la ratificación tácita resulta de hechos cuya apreciación incumbe a los magistrados y que atestiguan de parte del acreedor la voluntad de tener por bien hecho el pago que se ha dejado en manos del tercero, que carecía de poder para recibirlo.

Hay ratificación tácita cuando el acreedor, al demandar al deudor, descuenta la parte que éste pagó al tercero. Igualmente, cuando el acreedor demanda al tercero que recibió el pago para que le restituya lo que ha recibido del deudor. También hay ratificación tácita si el acreedor acusa recibo de la carta del tercero que ha recibido el pago y le ordena que gire la suma recibida.

Considera Busso que una vez operada la ratificación, ella habrá tenido por efecto validar definitivamente el pago, aun cuando el acreedor, por la insolvencia del tercero, no pudiera recuperar de él aquello que el deudor le pagó; siendo los mismos principios que rigen la prueba de las obligaciones, aplicables a la prueba de la ratificación del pago.

---

12 Cazeaux, Pedro N. y Félix A. Trigo Represas. *Op. cit.*, tomo ii, p. 162.

13 Busso, Eduardo B. *Código Civil anotado. Obligaciones*. Buenos Aires: Ediar Editores. Sucesores de Compañía Argentina de Editores, 1951, tomo iv, p. 424.

5.2. Que el acreedor no ratifique el pago y no se aproveche de él

En el supuesto de no ratificación por el acreedor, el principio general establecido por el artículo 1224 del Código Civil es que dicho pago no se considerará válido, lo que equivale a decir que el deudor continuará debiendo dicha prestación a su acreedor, pues la obligación no se ha extinguido.

Éste sería el caso en el cual quien cobró (el hijo del acreedor —para el ejemplo que enteramente—) se gaste la integridad del dinero recibido, o simplemente no lo comparta con el acreedor (su padre). En esta hipótesis, al no haber habido ratificación y al no haberse aprovechado el acreedor del pago, éste sería inválido.

Pero dicha no ratificación del pago efectuado por el deudor a tercera persona no siempre acarreará la consecuencia señalada, pues el principio tiene una excepción, que analizamos seguidamente.

5.3. Que el acreedor no ratifique el pago, pero sí se aproveche de él

Podrá ocurrir que el acreedor no ratifique el pago, pero sí se aproveche de él, como sería el caso en que el hijo, en el ejemplo propuesto, cumpla con entregar a su padre el dinero recibido o ejecute —con dicha prestación— alguna obra en directo beneficio patrimonial de su progenitor.

Ya decía Pothier[14] que otro caso en que un pago resulta válido, aun cuando se haya hecho a una persona que no tenía cualidad para recibir, es cuando la suma pagada resulta en lo sucesivo en beneficio del acreedor, citando como ejemplo el caso de que haya servido para liberar al acreedor de lo que él debía.

Éste es también otro de los supuestos anotados por Demolombe[15] y puede ser el caso en el cual el tercero usó la cantidad recibida para saldar una deuda del acreedor; una deuda, por ejemplo, que éste tenía interés en saldar antes que todas las demás.

---

14 POTHIER, Robert Joseph. *Tratado de las Obligaciones*. Tercera edición. Barcelona: Biblioteca Científica y Literaria, s/f., segunda parte, p. 204.

15 DEMOLOMBE, C. *Op. cit.*, tomo XXVII, pp. 146 y 147.

Se pregunta Demolombe cómo podría el acreedor llegar a demandar un segundo pago, ya que entonces eso indicaría que él recibiría dos veces y que se enriquecería a expensas de los demás; agrega que es obvio que si el acreedor sólo aprovechó en parte el pago, éste sería válido sólo hasta ese monto.

Coincidimos con Giorgi[16] cuando manifiesta que es su sentir que para que pueda hablarse de versión útil, el provecho ha de ser permanente; de manera que si en el momento en que el acreedor pide y el deudor alega haber ya pagado, el provecho se ha desvanecido, la excepción no tendrá ya fundamento.

Al haber aprovechado el acreedor del pago, éste tendrá efecto cancelatorio (extinguirá la obligación). Entendemos que a pesar de no haberse señalado expresamente en el Código Civil peruano, cabe también la posibilidad de que la prestación cobrada por un tercero aproveche sólo parcialmente al acreedor, supuesto en el cual deberá entenderse que el efecto liberatorio del pago efectuado será también parcial.

Recapitulando diremos que, de lo antes señalado, y luego de analizar los supuestos que el Código Civil peruano de 1984 contempla con relación al destinatario del pago, podemos concluir reflexionando en el sentido de que todos ellos apuntan al hecho o situación de que el acreedor vea satisfecho su crédito, más allá de cuál es la persona que recibe el pago.

Si el pago lo recibiera el propio acreedor, será evidente que él extinguiría la obligación, más allá del destino que el acreedor dé al pago recibido. Esto último sería irrelevante, jurídicamente hablando.

En caso de que el pago sea efectuado al designado por el juez, resulta evidente que dicha medida sería adoptada por los tribunales en resguardo de los intereses de un tercero, ante la negativa del propio acreedor que tuviera la calidad de deudor en otra obligación (cuyo ejemplo típico es la obligación alimentaria).

En el supuesto del pago al designado por la ley, será la propia norma legal la que disponga quién es el sujeto activo de la relación obligacional.

---

16 Giorgi, Giorgio. *Op. cit.*, tomo vii, pp. 115 y 116.

Otra situación prevista por el artículo 1224 del Código Civil peruano es la del pago efectuado a persona designada por el propio acreedor. Será este el caso en el cual el acreedor nombre un representante, o simplemente un nuncio o mensajero, para que efectúe el cobro de la deuda. Sería evidente, en este caso, que el acreedor buscará de esta forma satisfacer sus intereses en la relación obligacional. El pago así efectuado redundará, obviamente, en beneficio del acreedor.

Sin duda, es el último supuesto contemplado por el artículo 1224 del Código Civil el que reviste mayor interés jurídico, lo cual ha quedado demostrado a lo largo de nuestro análisis. Se trata de la hipótesis en que el pago haya sido hecho a persona no autorizada y el acreedor luego lo ratifique o se aproveche de él. Como es evidente, en estos dos casos el acreedor habrá asentido en el pago de manera expresa o tácita, habiéndose beneficiado por efectos de éste.

Es claro que en esas dos hipótesis el pago revestirá validez y surtirá plenos efectos. En caso contrario, es decir, si no se cumpliesen los requisitos mencionados por la última parte del referido artículo 1224, estaríamos en presencia de un pago inválido.

Para finalizar, debemos decir que no obstante no estar comprendido dentro de los casos previstos por el artículo 1224, compartimos el criterio de Giorgi[17] cuando sostiene que si aquél en cuyas manos se pagó equivocadamente lo que se debía a otro se convierte en heredero o cesionario de este último, el pago quedaría confirmado.

Lima, mayo de 2017

Mario Castillo Freyre*

---

17 *Ibidem*, p. 116.

* Magíster y Doctor en Derecho por la Pontificia Universidad Católica del Perú; abogado en ejercicio; socio del Estudio que lleva su nombre; Miembro de Número de la Academia Peruana de Derecho; profesor principal de Derecho Civil (Obligaciones y Contratos) en la Pontificia Universidad Católica del Perú. Director de las Colecciones *Biblioteca de Arbitraje* y *Biblioteca de Derecho* de su Estudio. Decano de la Facultad de Derecho de la Universidad Católica San Pablo de Arequipa. www.castillofreyre.com.

Prólogo

Estoy muy honrado por la noticia de la publicación en España de una traducción de mi volumen sobre el pago al tercero y deseo, ante todo, agradecer públicamente al Editor y al Traductor el interés demostrado por mi contribución.

El libro ha sido escrito, como es obvio, con referencia al ordenamiento italiano, del cual forman parte algunas disposiciones que no encuentran correspondencia en el C. c. español. Sin embargo aún tomando en consideración el solo artículo 1162 de tal código, toda la problemática afrontada en el libro me parece que encuentra plena analogía incluso respecto al ordenamiento español.

En efecto, me he esforzado ante todo en aclarar en qué sentido se puede hablar de «destinatario del pago», restringiendo esta noción sólo a las obligaciones» de dar *(obligatio tradenti).*

En segundo lugar, he intentado distinguir, en el ámbito del pago legítimamente afectuado a una persona distinta del acreedor, la hipótesis en la que el *accipiens,* tercero respecto a la obligación cumplida, constituye, en un cierto sentido, *un instrumento* a través del cual el acreedor recibe cuanto le es debido, de la hipótesis en la que es, por el contrario, *el deudor* el que constituye un instrumento a través del cual el acreedor hace llegar a un tercero cuanto él intenta procurar a éste último.

En el primer caso, es el tercero el que actúa «por cuenta» del acreedor o «en nombre» de éste último, si bien similares fórmulas sean quizá susceptibles de generar equívocos, haciendo pensar en una aplicación directa de normas y principios dictados para la representación en sentido técnico, que, en cambio, a mí no me parecen invocables cuando se toman en consideración actos reales como la *acceptio* de una cosa. En la segunda hipótesis delineada —y que corresponde a la clásica figura de la *delegatio accipiendi*— es el deudor el que, actuando «por cuenta» o «en nombre» del acreedor, procura al tercero cuanto el delegante, en base a una relación en la que el deudor permanece extraño, intenta hacer llegar al *accipiens*.

Naturalmente, las dos hipótesis están reguladas por principios diversos en cuanto se refiere a todo eventual vicio de la operación: Nulidad del encargo, delegación o apoderamiento (al tercero o al deudor); inexistencia de la obligación que el deudor intentaba cumplir o bien la inexistencia de la relación acreedor-tercero, sobre la cual estaba destinado a incidir el pago efectuado por el deudor, etc.

El último capítulo del volumen, en fin, está dedicado al análisis de aquel supuesto de hecho excepcional en el que el deudor, bien que afectúe el pago en manos de sujetos que *no* estarían legitimados para recibirlo, sin embargo alcanza a conseguir, igualmente, la liberación de la obligación: Hipótesis que tienden a advenir cada vez más importantes con la difusión —en una economía en la que prevalecen las prestaciones «en masa», idénticas en el contenido, pero debidas a un número muy elevado de acreedores— de los títulos de crédito y de los documentos de legitimación para el cobro.

Me auguro que mi trabajo puede tener alguna utilidad aún para el lector español: y con tal augurio acompaño mi agradecimiento a los pacientes lectores que quieran dedicar a éste volumen alguna atención.

Piero Schlesinger

Introducción

De *pago* se habla en dos significados. Con el primero, técnico y preciso, se indica la exacta realización de una prestación debida con base en una relación obligatoria. Con el segundo, genérico y equívoco, si bien introducido en el uso, se indica no solamente la ejecución de una prestación *debida,* sino la ejecución de cualquier prestación cumplida *solutionis causa,* esto es, con objeto de cumplir una obligación (no importa si existente o inexistente, civil o natural, propia o ajena).

Del mismo modo puede hablarse de pago *al tercero,* sea para referirse al caso en que el deudor, prestando en manos de un sujeto distinto del acreedor, realiza exactamente la prestación deducida en obligación; sea para referirse genéricamente a la ejecución de la prestación a un tercero además de al acreedor, independientemente de su correspondencia a una obligación efectivamente existente.

La presente investigación tiene por objeto la noción de pago al tercero en sentido técnico. El concepto genérico de pago al tercero será examinado, en el capitulo final, sólo con referencia a la hipótesis en que el ordenamiento atribuye eficacia liberatoria a la prestación efectuada por deudor a un sujeto no legitimado para recibir.

Capítulo primero
Noción de «destinatario del pago»

SUMARIO: 1. El *destinatario* del pago: equivocidad de la noción. — 2. Posibles significados de la expresión: *a)* El sujeto que tiene *interés* en el cumplimiento; *b)* el sujeto que trae un enriquecimiento de la prestación; *c)* el sujeto cuya cooperación es necesaria para la *solutio; d)* el sujeto que constituye punto de referencia para la determinación de la prestación. — 3. El significado técnico: destinatario del pago es el sujeto al cual debe efectuarse la entrega de la cosa en cumplimiento de una *obligatio tradenti.* — 4. Hipótesis de no coincidencia entre destinatario del pago y acreedor: *a)* "legitimación para recibir" en sustitución del acreedor; b) delegación de pago.

1. Los tratados corrientes de la doctrina en materia de relaciones obligatorias se ocupan del «destinatario del pago» en términos lo suficientemente genéricos como para no dudar que la convicción dominante estima que el concepto mismo del pago implica necesariamente un destinatario[1]. Análogamente, el legislador, catalogando en el artículo 1188 del Código civil, bajo la rúbrica «destinatario del pago», los sujetos *a los cuales* «el pago debe ser hecho», parece disciplinar, por la genericidad de la formulación empleada y por la colocación de la norma en la sección dedicada al cumplimiento *en general,* un problema relativo a

1 Véase por todos Messineo, *Manuale di diritto civile e commerciale,* 8.ª ed., II, 2, Milán, 1950, pág. 362 (hay traducción española de Santiago Sentís Melendo, Buenos Aires, 1955, 1956, t. IV, págs. 359 y sgts) que dedica el mismo relieve a las figuras del legitimado activo y del legitimado *pasivo* para el cumplimiento. En el mismo sentido está orientada la doctrina alemana, que dedica tratados de carácter general al denominado *Erfüllungsempfänger* (cfr., p. ej., Enneccerus-Lehmann, *Recht der Schuldverhältnisse,* 15.ª ed. Tubinga, 1958, págs. 225 y sgts. (hay también traducción española de Pérez González y Alguer, Barcelona, 1947, vol. I, páginas 298 y siguientes).

todo tipo de relación obligatoria[2]. Estos datos inducirían a tener por cierto que todo pago deba tener un *destinatario*: o el acreedor u otra persona. Si así fuese, a una investigación sobre la figura del pago *al tercero* correspondería la sola tarea de examinar los presupuestos y los límites en que la prestación efectuada a un sujeto distinto del acreedor constituye cumplimiento en sentido técnico de la obligación.

Desgraciadamente, la doctrina no se preocupa de aclarar qué cosa significa que un pago deba ser efectuado a alguien: es suficiente, sin embargo, tomar en consideración, por ejemplo, las prestaciones negativas o bien aquellas cuya ejecución se agota en la esfera del deudor para darse cuenta de que la «destinación» del pago a un sujeto constituye un concepto equívoco. La verdad es que en los planteamientos corrientes se refleja, con influencia determinante, la tendencia a sistematizar toda la materia relativa a la relación obligatoria sobre la pauta de la obligación de dar o, más específicamente, de la obligación pecuniaria, generalizando los principios aplicables a esta última.

Para afrontar el tema a que está dedicado este trabajo, parece necesario liberarse de una visual tan angosta, aclarando, en vía prejudicial, los posibles significados de la expresión «destinatario del pago». Esto servirá para individualizar el único significado que a tal expresión es implícitamente reservado por la doctrina y por el legislador.

2. *a)* Por el artículo 1174 del Código civil, «la prestación que constituye objeto de la obligación debe corresponder a un interés, aún no patrimonial, del acreedor»: todo pago, por tanto, precisamente en cuanto exacta realización de una prestación *debida,* es ciertamente idóneo para procurar un resultado útil para el titular del crédito y está, por consiguiente, destinado siempre, aim cuando el *solvens* no sea conocedor, al (a la satisfacción del

2 En sentido contrario, exactamente, GIORGIANNI, *Lezioni di diritto civile,* Catania, 1954, pág. 65: «El art. 1188 está intitulado al «Destinatario del pago» e indica a quién debe ser hecho el pago a fin de que el mismo sea *exacto* y libere al deudor. Es preciso, sin embargo, aclarar antes que no siempre existe un *destinatario del pago* en el sentido previsto por el artículo 1188.»

interés del) acreedor[3]. Por tanto, de destinatario del pago podría, en primer lugar, hablarse con referencia al mismo acreedor, que además, desde este punto de vista, sería un destinatario *necesario*[4], de modo que quedaría excluida la posibilidad de un pago *al tercero.*

Pero, como es claro, en tal significado, el concepto de destinatario del pago quedaría completamente privado de autonomía respecto al de «destinatario del deber jurídico» (o titular del derecho subjetivo), y sería, por tanto, inútil, tanto en el plano dogmático como en el plano exegético[5].

Tampoco se reconocería mayor utilidad a un concepto más amplio que tomase genéricamente en consideración todos los intereses —aun de sujetos distintos del acreedor— que resultaran satisfechos mediante el cumplimiento. Si es cierto, en efecto, que muy frecuentemente, o a base de la intención del mismo acreedor o por ocasionales coincidencias, la ejecución de la prestación por parte del *solvens* alcanza también a satisfacer, directa o indirectamente, intereses de terceros, es igualmente cierto que tales intereses no adquieren, respecto a la relación obligatoria, relieve jurídico, en cuanto que el deber impuesto al deudor está preordenado exclusivamente a la tutela del titular del crédito.

b) De destinatario del pago parecería poderse hablar teniendo presente el *enriquecimiento* que sujetos distintos del *solvens* reciben por la ejecución de la prestación. Es menester, en efecto, tener presente que la prestación objeto de una relación obligatoria debe en todo caso ser «susceptible de valoración económica» (art. 1174): esto es, la realización del resultado por parte del *solvens* debe ser apreciable, según los criterios de juicio de un

---

3 PUGLIATTI, *Esecuzione forzata e diritto sostanziale,* Milán, 1955, página 10: «El vínculo obligatorio... es vínculo del deudor, pero además vínculo *hacia* el acreedor y la extinción de la obligación libera al deudor en cuanto haga conseguir al acreedor la utilidad a él debida.»

4 GIORGIANNI, *Lezioni di diritto civile,* cit. pág. 65: «La prestación del deudor tiene siempre un destinatario en el sentido de que es hecha en interés de una cierta persona, esto es, del acreedor.»

5 Justamente, en cambio, subraya la contraposición entre destinatario del deber y destinatario del pago ALLARA, *Le nozioni fondamentali del diritto civile,* I, 5.ª ed., s. f. (pero 1958), pág. 244.

cierto ambiente jurídico-social, en términos pecuniarios[6]. Esta apreciación, que no está determinada sobre la base de cuanto en concreto haya eventualmente constituido la contraprestación para asegurarse el derecho de pretender aquel comportamiento, expresa el «valor» de la prestación, que puede dirigirse tanto en beneficio del acreedor como en beneficio de un tercero.

La determinación del sujeto que se enriquece a consecuencia de la ejecución de una prestación presenta un relieve no indiferente en las relaciones del problema de la legitimación pasiva con las acciones de repetición de lo indebido y de enriquecimiento sin causa. Desgraciadamente, el hecho de que el artículo 2033 («quien ha efectuado un pago no debido tiene derecho de repetir lo que ha pagado») ni siquiera se preocupe de indicar contra *quién* surge el derecho a la restitución, demuestra que el legislador, teniendo presente sólo el prototipo de la categoría, esto es, la obligación pecuniaria, se ha dejado guiar por la ingenua opinión según la cual el pago consistiría siempre en el desplazamiento de un valor patrimonial objetivamente individualizado, de un sujeto a otro[7]. Viceversa, si también frecuentemente el cumplimiento

---

6 Cfr. GIORGIANNI, *L'obbligazione,* Catania, 1945, págs. 9 y sgts. (hay traducción española de Verdera Tuells, Barcelona, 1958, págs. 19 y sgts.). El art. 1174 plantea, sin embargo, no pocos problemas, ya que el principio de la evaluación de la prestación en términos pecuniarios, que parece frecuentemente un tanto obvio, produce perplejidad en casos dudosos (como en el clásico ejemplo de la promesa de no tocar el piano por no molestar al vecino). Véanse las interesantes observaciones de GORLA, *Il contrato,* I, Milán, 1955, pág. 229, n. 3 (hay traducción española de José Ferrandis Vilella, Barcelona). Cfr. también MICCIO, *Delle obligazioni in generale,* en *Commentario del codice civile,* Turín, 1957, págs. 8 y sgts.).

7 Y, en efecto, BARASSI, *La teoria generale delle obbligazioni,* 2.ª ed., II, Milán, 1948, pág. 363, llega a negar que la *conditio indebiti* sea aplicable también a las prestaciones de hacer. BARASSI se basa en un significado restrictivo del término «pago» empleado en el art. 2033: para obviar la laguna se debería recurrir al art. 2126, en cuanto se refiere al contrato de trabajo nulo o anulable o a la acción general de enriquecimiento sin causa. No obstante la doctrina entiende hoy que los términos pago y cumplimiento son usados por el legislador como sinónimos, sin restringir el primero a la sola ejecución de las prestaciones pecuniarias o de dar (cfr. NICOLÓ, voz «Adempimento», en *Enciclopedia del diritto,* I, Milán, 1958, pág. 554). No se ve, por tanto, razón para no admitir, en principio, la *condictio indebiti* incluso para las prestaciones de hacer, como

consiste en la transferencia de un bien determinado, de modo que no pueden surgir dudas sobre el sujeto que se enriquece, hay tipos de prestación, como la negativa o la de «hacer»[8], respecto a las cuales la realidad resulta muy complicada[9].

No se debe, en efecto, confundir con el valor de la prestación ni el incremento patrimonial que su ejecución determina ni el sacrificio económico (pérdida patrimonial y falta de ganancia) que en concreto el *solvens* debe afrontar para cumplir. Estas tres entidades, si a veces coinciden (como precisamente en el caso de obligaciones pecuniarias), otras veces son divergentes entre sí (piénsese en la obligación de servicios); así, tomando por ejemplo la obligación de repintar un automóvil usado, se advierte fácilmente que una cosa es el valor en el mercado de un cierto tipo de pintura y otra cosa es el aumento de valor del coche una vez terminada la obra (aumento que puede ser mayor o menor que el valor de la prestación según que, desde el punto de vista económico, aquella expensa se haya efectuado en aquellas da-

---

por lo demás, es opinión prevalente (confróntese por todos Fedele, «Invaliditá del contratto di lavoro e prestazione de fatto», en *Il diritto dell'economia,* 1958, págs. 138 y sgts., y Corrado, «Prestazioni lavorative di professionista non inscrito all'albo», en *Il diritto dell'economia,* 1960, páginas 76 y sgts. Véase asimismo el § 818, párrafo 2.°, BGB, según el cual, si las características de la prestación indebida no consienten una restitución, se debe su valor). Cierto que según cuanto emerge de las observaciones hechas en el texto, la aplicación de la repetición a las prestaciones distintas del «dar» presenta no pocas dificultades. Y el problema adquiere particular importancia cuando se trate de contratos nulos o anulables ya ejecutados, respecto a los cuales solamente con mucha superficialidad podría decirse que el legitimado pasivo para la repetición (que en tal caso es más bien una *condictio sine causa)* sea siempre el otro contratante: se llegaría al resultado práctico de privar de todo provecho al sujeto que, habiendo obtenido la declaración de nulidad (o de anulabilidad), se viese constreñido a pagar el equivalente pecuniario de las prestaciones no restituibles.

8 Si Ticio se compromete respecto a Caio a no hacer competencia a Sempronio, o bien a construir un muro de cerca sobre el *propio* fundo, ¿a quién y qué cosa podrá ser pedida en «restitución» cuando, a prestación ejecutada, la obligación se declare nula?

9 Por fortuna, en casos semejantes, ayudan, a veces, los principios de la responsabilidad aquiliana, cuando la convicción de ser deudor y la ejecución de la prestación sean imputables a un comportamiento doloso o culposo ajeno.

das circunstancias más o menos oportunas); otra cosa todavía es el sacrificio soportado por el *solvens* (cuya entidad, según los medios empleados para cumplir, puede, a su voluntad, ser mayor o menor, sea del valor de la prestación, sea del incremento patrimonial que de dicha prestación deriva). Parece asimismo superfluo añadir que, en suma, el incremento patrimonial o el sacrificio económico puede, desde luego, faltar: más fácilmente el primero, especialmente cuando la prestación esté dirigida a satisfacer intereses no patrimoniales; más difícilmente, el segundo.

En consecuencia, para establecer quién sea el sujeto que se enriquece a consecuencia de la ejecución de una prestación, no nos podemos limitar a considerar el incremento patrimonial qué ésta haya determinado, sino que es necesario precisar quién se ha aprovechado del valor de la prestación. Para responder a tal cuestión se debe recordar que la «susceptibilidad de valoración económica» de la prestación está en función de su utilidad, esto es, de su idoneidad para satisfacer necesidades humanas: cuando se trata de intereses para cuya satisfacción un cierto ambiente considera objetivamente justificado el soportar un determinado sacrificio económico, tal estimación expresa precisamente el valor de la prestación.' Se puede, por consiguiente, concluir que la ejecución de una prestación produce un enriquecimiento a favor del sujeto portador de aquel interés cuya satisfacción determina una estimación patrimonial con relación al comportamiento idóneo para realizarlo.

Por lo que respecta a la legitimación pasiva de las acciones de repetición de lo indebido y de enriquecimiento sin causa, a la dificultad de asegurarle, en ciertos casos concretos, recurriendo a los extremos indicados acompaña una ulterior razón de perplejidad: cuando la prestación exigida no consiste en un desplazamiento patrimonial objetivamente recuperable, no es suficiente fijar cuál sea el interés realizado que justifica la evaluación pecuniaria de la prestación[10], sino que es preciso, además, fijar si el

10 Diversamente, quien ejecuta una prestación no debida, con tal que sea idónea para satisfacer un interés ajeno, podría pretender la «restitución» por el sujeto favorecido, aduciendo haber actuado para cumplir Una obligación revelada inexistente: conclusión claramente absurda en un ordenamiento como el nuestro, que no requiere, según la que parece mejor interpretación del art.

sujeto al que pertenece aquel interés estaría dispuesto, para conseguir la satisfacción, a afrontar el sacrificio económico equivalente al valor de la prestación de reembolso, ya que no puede admitirse que un sujeto sea constreñido, independientemente de su libre elección, a sufrir tal sacrificio para satisfacer una necesidad que él quizá hubiera preferido dejar insatisfecha. Por tanto, la acción de repetición del valor de la prestación debería ser concedida sólo contra el sujeto del cual haya sido satisfecho un interés que él o *debía* satisfacer o habría corrientemente efectivamente satisfecho[11]; salvo, naturalmente, la posibilidad de excepcionar o que la satisfacción de aquel interés habría podido ser realizado con un sacrificio inferior al valor de la prestación (en tal caso el enriquecimiento se restringe en la medida correspondiente), o que, al contrario, el *solvens* ha sufrido un sacrificio económico inferior al valor de la prestación (en tal caso el enriquecimiento puede limitarse a restaurar el patrimonio del depauperado, a fin de impedir un enriquecimiento en sentido inverso)[12].

2033, el error del *solvens* para la concesión de la *condictio indebiti:* cfr. Oppo, «Pagamento invalido di titolo all'ordine, ammortamento e ripetizione di indebto», en *Giur. ital.*, 1947, I, 2, 505 y sgts.; Greco, «Ripetizione de indebito e pagamento di assegni circolari ammortizzati», en *Riv. dir. comm.*, 1949, II, pág. 37; Sacco, *La buona fede,* Turín, s. f. (pero 1949, pág. 261); Distaso, en *Foro ital.*, 1950, I, c, 1187; Cass. 14 julio 1949, n. 1081, ibíd. En sentido contrario Miccio, «Dei singoli contratti e delle altre fonti delle obbligazioni», en *Commentario del codice civile,* Turín, 1959, pág. 630; D'Onofrio, «Del pagamento dell'indebito», en *Commentario del codice civile,* al cuidado de Scialoja y Branca, *Delle obbligazioni,* arts. 1992-2059, Bolonia-Roma, 1957, págs. 264-65; G. Andreoli, «Scienza dell'indebito, manifestazione volizionale adempitiva e difetto de ntento», en *Temi,* 1960, págs. 371 y sgts.

11 Superfluo subrayar la dificultad de semejante fijación, que requiere recurrir a no muy precisos criterios de valoración. Se trata, sin embargo, del mismo criterio de la expensa *necesaria,* cuyo ahorro ha sido siempre considerado objeto de enriquecimiento a fines de las correspondientes acciones reparatorias. Por esto, reclamar el carácter sujetivo de tales indagaciones y la consiguiente incerteza de sus resultados (como hace Andreoli, *L'ingiustificato arricchimento,* Milán, 1940, págs. 19 y sgts.) no parece suficiente para rechazar la figura (así justamente, últimamente Trabucchi, voz «Arricchimento», en *Enciclopedia dil diritto,* III, Milán, 1958, pág. 70).

12 Cuando, sin embargo, el menor sacrificio soportado por el *solvens* en determinar el enriquecimiento ajeno dependa de la utilización de un factor —capital

c) A veces la calificación de destinatario del pago se da al sujeto cuya cooperación es necesaria para que el deudor pueda cumplir[13]. Es sabido, en efecto, que no siempre el deudor está en situación de realizar por sí solo la prestación debida: muy frecuentemente, por el contrario, para la ejecución del pago es indispensable que el *solvens* se valga de otro concurso.

Si bien, aun cuando respecto al caso en el que al comportamiento solutorio deba acompañar la cooperación de otro sujeto el legislador parezca partir de la ingenua concepción de que el sujeto cuya cooperación es indispensable para perfeccionar el pago sea necesariamente el titular del crédito[14], resulta, sin embargo, claro que tal sujeto puede ser asimismo un tercero. Esto se tiene presente, tanto por lo que respecta a la aplicación de las normas relativas a la *mora accipiendi,* que se refieren, al menos en la letra, sólo a la falta de cooperación del acreedor[15], como por lo que se refiere a la construcción misma de la institución[16].

Tampoco se descuida, por tanto, la noción de «sujeto cuya cooperación es necesaria para el cumplimiento»: por consiguiente, no se puede ciertamente decir que el pago es exigido al sujeto que coopera, ni que el pago está destinado a éste. Piénsese en el absurdo de considerar, por ejemplo, destinado al proyectista o al ingeniero el cumplimiento de la obligación que nace de un con-

---

o trabajo— perteneciente al mismo *solvens,* surge el problema de si es justo que la persona favorecida no remunere aquel factor; cfr. SACCO, *L'arricchimento ottenuto mediante fatto ingiusto,* Turín, 1959.

13 Cfr. ALLARA, *Le fattispecie estintive del rapporto obbligatorio,* Turín, s. f. (pero 1948-1952), pág. 157, y GIORGIANNI, *Lezioni,* cit., pág. 66.

14 Es suficiente leer el artículo 1206 para darse cuenta de que la situación de *mora accipiendi* viene configurada sólo a consecuencia de una frustrada cooperación del acreedor.

15 FALZEA, *L'offerta reale e la liberazione coattiva del debitore,* Milán, 1947, pág. 238, n. 106, planteándose la posibilidad de que el comportamiento de cooperación deba ser obtenido de un sujeto distinto del acreedor, distingue según que el tercero esté o no obligado (hacia el deudor) a cooperar: pero ¿qué normas encuentran respectiva aplicación a las dos hipótesis?

16 Para poder acoger la concepción de la denominada *mora culpata* parece necesario, en efecto, considerar los casos en los que la frustrada cooperación es imputable no al acreedor, sino al tercero que habría debido desarrollar la necesaria actividad (y que podía además no estar obligado a tal desarrollo).

trato de obra sólo porque la empresa constructora debe seguir el proyecto o las directrices, a base de los acuerdos que median con el contratista.

d) Toda obligación tiende, como se ha dicho, a la realización de un resultado idóneo para satisfacer un interés del acreedor. Para que la obligación pueda surgir, el resultado debe estar suficientemente determinado. A veces para esta determinación bastan referencias puramente objetivas (transporte de una cosa, construcción de una casa, limpieza de una máquina, no sobreelevar un muro, etc.); otras veces, en cambio, la situación a realizar no puede ser individualizada sino viniendo a parar además a referencias *subjetivas* (me obligo a transportar a *Tizio,* a darle lecciones, a operarlo, y así por el estilo)[17]. Puesto que en estas últimas hipótesis es posible distinguir, si bien sólo con una abstracción lógica, el *contenido* de la situación que debe ser realizada por el *sujeto* en relación con el cual debe verificarse la realización, se podría pensar en cualificar como «destinatario del pago» cabalmen-

17 Barbero, para defender la concepción de la relación jurídica como relación entre el sujeto y la norma de la objeción del absurdo de una ignorancia «constitucional» del acreedor por parte del deudor, replica que «el absurdo no se da y toda la cuestión está en entender el valor de este conocimiento, que el deudor no sólo normalmente tiene, sino que *debe* regularmente tener del propio acreedor. Este es el conocimiento no del otro término de la relación jurídica, no de aquel al cual deba sumisión, sino de un *elemento de hecho,* asumido en el mandato de la norma, el conocimiento del cual es por esto necesario como condición para tener el conocimiento mismo del mandato que de ella emana y poder, por consiguiente, prestar a la misma la obediencia que quiere» («Il diritto soggetivo», en *Foro ital.,* 1939, IV, c. 35-36, vuelto a publicar en *Studi di teoria generale del diritto,* Milán, 1953, págs. 130-131). Debe considerarse exactísima la calificación de «elemento de hecho» atribuida al sujeto que constituye momento de individualización de la prestación debida, debiendo observarse, no obstante, bien que un tal elemento no es siempre indispensable, pudiendo la prestación resultar determinada suficientemente a través de referencias puramente subjetivas; sea, sobre todo, que, aun cuando la prestación venga individualizada a través de la referencia a un sujeto, tal sujeto no se identifica necesariamente con la persona del acreedor. No es necesario, por esto, confundir el plano al que pertenecen los elementos subjetivos de la relación —acreedor y deudor— con el plano al que pertenecen los elementos objetivos —la prestación debida—, aunque si la individualización de esta última puede suceder, a su vez, mediante referencias subjetivas.

te al sujeto que constituye el punto de referencia necesario para la individualización de la prestación debida. Tal sujeto puede ser, bien el mismo acreedor, bien una persona distinta, de modo que sería manifiesta la conveniencia de hablar, bajo este ángulo visual, de «pago al tercero».

La noción delineada se revela particularmente útil para conseguir una precisa línea de distinción entre el elemento subjetivo (titular activo y pasivo) y el elemento objetivo (prestación debida) de la obligación, aun cuando la prestación presente, a su vez, un perfil subjetivo y un perfil objetivo. Sin embargo, es preciso subrayar cómo el sujeto que constituye punto de referencia necesario para la individualización del resultado debido, si normalmente trae un provecho del cumplimiento y está, por consiguiente, interesado en el mismo, puede ser, no obstante, una persona a la cual la ejecución de la prestación resulte totalmente indiferente (me obligo con Ticio a hacer una fotografía a Caio) o una persona a la que la prestación ocasione directamente un daño (me obligo con Ticio, que está en competencia con Caio, a no suministrar mis productos a este último). Se manifiesta, por tanto, de pronto, la inoportunidad de calificar de *destinatario* del pago al sujeto que se limita a constituir un punto de referencia para la individualización de la prestación.

3. Del examen de los artículos 1188-1190, para cuya interpretación las distintas nociones hasta ahora delineadas se muestran completamente inutilizables, emerge un ulterior concepto de «destinatario del pago», relevante sólo para una restringida categoría de prestaciones, no obstante la genérica formulación empleada por el legislador. Aquellas normas, en efecto, son aplicables solamente cuando la ejecución de la prestación dependa de una actividad de cooperación dirigida a «recibir» el pago. Sin embargo, el pago, consistiendo en la exacta realización de la prestación debida, constituye el *resultado* de la cooperación del *accipiens,* de modo que no puede representar al mismo tiempo el *objeto.* Está claro, por tanto, que en la expresión «recibir el *pago»,* este último término no es empleado en su significado técnico (que en tal caso no sería susceptible de ser *recibido).*

Se trata entonces de individualizar el objeto del acto de *acceptio* al que hacen constante referencia los artículos 1188-1190:

¿qúé cosa debe ser *recibida* para que se perfeccione el cumplimiento? No hay necesidad de desarrollar una especial labor de exégesis o de invocar el artículo 1192 (en el cual el objeto de la *acceptio* está específicamente indicado) para convencerse, en armonía con la lógica y la tradición, que las normas en examen se refieren a una actividad de cooperación consistente en recibir una *cosa*[18]. Esto es, no se recibe el *pago* (o la prestación), sino *una cosa* dada con el fin de cumplir[19]. De la misma manera, «destinatario del pago» es una expresión elíptica para indicar «el sujeto al que debe efectuarse la *traditio* de la cosa debida para que el pago sea perfeccionado». Por consiguiente, no tanto destinatario del *pago* como destinatario de la entrega de una *res,* cuya adquisición por parte del *accipiens* constituye cumplimiento[20].

---

18 Exactamente, por tanto, BARASSI, *Teoria generale delle obbligazioni,* cit., II, pág. 363, limita el art. 1188 a la sola obligación de entregar: la limitación no resulta, sin embargo, como quisiera BARASSI, de un pretendido significado restringido del término «pago» (en comparación con «cumplimiento»), sino que emerge de la especificación del particular tipo de cooperación requerida del destinatario —«recibir»—, actividad que es concebida sólo cuando se trate de entregar una *res.* Naturalmente, no tiene ninguna importancia que la entrega sea la única prestación deducida *in obligatione,* o bien represente sólo el momento final de una compleja prestación (p. ej., en el caso de contrato de obra). Ni, en fin, tiene relieve que se trate de entrega de *una* cosa o de *varias* cosas, de cosas determinadas o genéricas, de cosas fungibles o no fungibles.

19 Es de notar que en caso de *obligatio tradenti,* esto es, en el caso en que el deudor esté obligado a procurar la adquisición de la disponibilidad de hecho de una cosa, los términos entrega y *traditio* indican el resultado final de la obligación, la adquisición del poder de hecho por parte del destinatario del pago (prestación en sentido *objetivo),* no la actividad que el deudor está obligado a desarrollar para cumplir (prestación en sentido *subjetivo):* falta, vale decir, un término que corresponda al que, respecto al destinatario, es el *accipere* o *aceptio.* Es oportuno, por tanto, tener siempre presente que el deudor, si bien está obligado a procurar el resultado final (*tradere*), no puede, por su parte, más que ofrecer, poner a disposición, la cosa sobre la cual el *accipiens* instaura el propio poder de hecho con un acto separado de aceptación. Sobre la necesaria bilateralidad de la entrega insiste justamente DALMARTELLO, *La consegna delle cosa,* Milán, 1950, págs. 133 y sgts.

20 Tampoco adquieren significado los problemas a cuya solución están dedicados los arts. 1188-1190, sino en relación a la obligación de *tradere* una cosa. ¿Qué sentido habría de darse al problema de la capacidad del acreedor al que debe ser hecha usa operación quirúrgica o en cuya casa deban cumplirse las

4. Individualizado así el significado al que implícitamente se refieren la doctrina y el código cuando hablan de destinatario del pago, es menester precisar que, como tantas otras prestaciones, aun la consistente en procurar la disponibilidad de una cosa, no resulta suficientemente determinada sino mediante una referencia subjetiva que valga para individualizar *a quién* debe ser efectuada la *traditio:* este sujeto no es, empero, necesariamente el acreedor.

Es oportuno, además, subrayar que el destinatario del pago no es nunca elemento subjetivo, sino elemento *objetivo* de la relación, en cuanto representa un momento esencial para la determinación del resultado debido. Su individualización, por tanto, depende exclusivamente de la fijación del contenido de la prestación deducida en obligación: de esto deriva que todas las veces (y es la hipótesis normal) que la prestación está destinada al acreedor, éste asume la calificación de destinatario del pago no porque es acreedor, sino porque la prestación debida consiste en procurarle la adquisición de la posesión de una cosa.

En consecuencia, es plenamente admisible que a veces, no coincidiendo en la misma persona la calidad de acreedor y de destinatario del pago, esta última calificación vaya atribuida a un tercero, al cual el deudor esté obligado a procurar la adquisición del bien. Esto puede suceder en dos hipótesis que es oportuno considerar separadamente.

a) Destinatario del pago, en primer lugar, puede ser el tercero «legitimado para recibir» en sustitución del acreedor. Es la hipótesis prevista por el artículo 1188, disposición cuyo alcance se entiende plenamente sólo teniendo presente la limitación de

---

reparaciones? ¿Qué sentido habría de darse al problema de la liberación del deudor que ha efectuado el pago a un acreedor aparente, cuando, p. ej., un obrero llamado a efectuar un trabajo en un edificio en construcción, incurra en el error a base de «circunstancias unívocas» de modo que ejecute la prestación en un aposento distinto de aquel respecto al cual estaba encargado de ejecutarla? Y más aún, ¿qué sentido tendría preguntarse si el transportista se libera de la obligación transportando, en vez del acreedor, a su representante? Todos estos problemas, en cambio, adquieren significado cuando se plantean en relación con la obligación de procurar a alguien la adquisición, de una cosa y el legislador se preocupa justamente de disciplinarlos para este solo caso.

su esfera a la *obligatio tradenti*. En efecto, en el caso de la obligación de entregar una cosa, el acreedor no tiene tanto interés en adquirir la disponibilidad material como en estar en situación de sacarle provecho. De ahí deriva que el resultado idóneo para satisfacer el interés tutelado por la relación no es solamente la adquisición del poder de hecho sobre la cosa por parte del acreedor, sino también la adquisición de tal poder por parte de otros sujetos, los cuales —o a base de las funciones de las que están encargados o a base de la misma voluntad del titular del derecho— se encuentran en tales relaciones con el acreedor que la ejecución de la prestación en sus manos sea considerada, sin más, por el legislador como suficiente para satisfacer el interés del titular del derecho.

El artículo 1188, sin embargo, ha precisado que el deudor *debe* efectuar la prestación a los sujetos en él enumerados, y no parece correcto, por tanto, sostener, como hace frecuentemente toda la doctrina, que el deudor tenga la *facultad* de pagar a estos sujetos. En efecto, puesto que el pago no es otra cosa sino la exacta realización de la prestación debida, el artículo 1188, como toda disposición sobre el pago, se refleja necesariamente sobre el contenido de la prestación, en cuanto las nociones de cumplimiento y de prestación corresponden a dos visuales de un mismo fenómeno: la primera se funda en una consideración dinámica, relativa a la fase de la actuación; la segunda, sobre una consideración estática, relativa a la estructura de la relación; y, como entre dos caras de un misma medalla, entre ellas no puede haber más que perfecta simetría. Por tanto, recurriendo a los presupuestos en presencia de los cuales el tercero adquiere la denominada «legitimación para recibir», es preciso reconocer que la prestación debida viene a ser individualizada con referencia al sujeto en cuyas manos el deudor debe pagar. Ninguna importancia, desde el punto de vista ahora en examen, se atribuye, pues, al hecho de que el deudor esté obligado a efectuar la prestación exclusivamente al tercero (hipótesis de legitimación para recibir *sustitutiva* respecto a la del acreedor: representación legal, curatela de la quiebra, etc.) o bien esté obligado a efectuarla o al tercero o al acredor (hipótesis de legitimación para recibir *alternativa:* poder voluntario para cobrar): en ambos casos la prestación debida se individualiza en relación (o *también* en relación) al sujeto legitimado para recibirla.

Se entiende perfectamente, sin embargo, como en el caso de legitimación para recibir *sustitutiva* (y, por tanto, exclusiva), la presencia de un verdadero *deber* del deudor de prestar al tercero emerge más claramente: basta considerar que no constituiría cumplimiento la ejecución de la prestación en manos del acreedor y que, cuando se trate de obligaciones *trasladables,* el lugar del pago deviene el domicilio del legitimado para recibir en vez del domicilio del acreedor. En el caso de legitimación para recibir *alternativa,* viceversa, la existencia de un *deber* del deudor de pagar (o al acreedor o) al tercero es menos evidente. Considérese, empero, como la petición anticipada de pago por el legitimado para recibir constituye, si se trata de obligaciones *quérables,* presupuesto suficiente, incluso en caso de inercia del acreedor, para determinar el incumplimiento y la *mora solvendi* del deudor: señal elocuente de que el contenido de la prestación objeto de la obligación está individualizado, teniendo en cuenta asimismo la legitimación para recibir del tercero.

Si es exacto que la legitimación para recibir atribuida a los sujetos mencionados por el artículo 1188 se refleja sobre el contenido de la prestación, debe argüirse que no es feliz la definición de «legitimados para recibir» atribuida a tales sujetos. Frecuentemente, en efecto, cuando se habla de legitimación para el cumplimiento de un dado acto, se pretende precisar el presupuesto subjetivo con el que *aquél acto* debe ser cumplido para producir sus efectos. En consecuencia, leyendo el artículo 1188 se podría pensar que los sujetos en él indicados cumplen el mismo acto que habría debido cumplir el acreedor. Viceversa, entre la *acceptio* del acredor y la de los otros «legitimados» hay, sí, una equivalencia funcional desde el punto de vista de la eficacia solutoria, pero no una equivalencia de efectos: la situación que se instaura si la cosa es recibida por el acreedor es una situación bien distinta de la que se determina si es recibida, p. ej., por el curador de la quiebra o por un *procurator in rem suam.* Por tanto, debería decirse, no ya que el indicatario, el representante, la persona autorizada por la ley o por el juez están *legitimados* para recibir en sustitución del acreedor, sino que la adquisición por parte suya de la disponibilidad del bien constituye el contenido de la prestación que el deudor está obligado a realizar, o en sustitución de la adquisición por parte del acreedor o en vía alternativa con tal adquisición.

b) Destinatario del pago puede ser, además, el tercero que constituya directamente —y no a través del reenvío a una calidad que lo legitime para recibir en sustitución del acreedor— el punto de referencia para la individualización de la prestación. Esto sucede cuando el resultado que el deudor debe realizar no consiste en procurar una adquisición al acreedor por medio del tercero, sino en procurar una adquisición al tercero por cuenta del acreedor; de modo que, al contrario de la hipótesis precedente, donde el tercero está legitimado para recibir como instrumento del acreedor, en la hipótesis en examen el deudor funciona como instrumento del acreedor para hacer llegar el bien al tercero.

Una situación por el estilo parecería verificarse en el caso de contrato a favor de terceros, cuya estipulación mira a realizar con la cooperación del promitente, una atribución a favor del beneficiario[21]. Dado que, no obstante, «el tercero adquiere el derecho contra el promitente por efecto de la estipulación» (artículo 1411, párrafo segundo), debe observarse que el beneficiario de la estipulación es tercero respecto al *contrato,* pero no respecto a la obligación que de él nace[22]: viene a faltar, por tanto, el desfa-

---

21 La atribución a favor del tercero puede consistir tanto en la adquisición de un derecho nuevo (generalmente un crédito) como en la transferencia de un derecho del promitente. No es, en efecto, discutible que el contrato a favor de tercero pueda también tener eficacia real: Cfr. Cass. 19 junio 1945, n. 441, en *Giur. compl. Cass. civ.,* 1945, 2.°, 18, con nota de TORRENTE, *In tema di contratto a favore di terzi.*

22 Teniendo presente la distinción (ALLARA, *La revocazione delle disposizioni testamentarie,* Turín, s. f. (pero 1951), págs. 58 y sgts. y *Principi di diritto testamentario,* Turín, 1957, pág. 165, seguido de CAMPAGNA, *I «negozi di attuazioned e la manifestazione dell'intento negoziale,* Milán, 1958, págs. 69 y sgts.) entre negocios de eficacia *directa* (en los cuales el intento negocial de los particulares encuentra automática actuación a través de los efectos jurídicos que derivan del negocio) y negocios de eficacia *instrumental* (en los cuales el intento negocial se dirige a la realización de una modificación del mundo natural que, no pudiendo encontrar actuación mediante el verificarse los efectos jurídicos, requiere una sucesiva actividad de actuación, a la cual está preordenado el instrumento de

samiento subjetivo entre la titularidad del crédito y la calidad de destinatario de la prestación[23].

Excluido que el tercero pueda asumir la cualidad de destinatario del pago a base de una estipulación en favor suyo, es menester realzar, no obstante, que la adquisición del derecho a favor del beneficiario se verifica sólo en cuanto es querida por las partes[24]: éstas, por tanto, pueden también excluir que el tercero adquiera el derecho de pretender el cumplimiento de la prestación, aunque el promitente se compromete, frente al estipulante, a efectuar la *traditio* en manos del tercero. En este caso el contrato —que es oportuno denominar «*con prestación* al tercero» (mejor que «*a favor* del tercero») para poner de relieve que la estipula-

---

la obligación que surge en dependencia del negocio), debe decirse que el contrato a favor del tercero sí es siempre negocio de eficacia directa, en cuanto determina el automático perfeccionamiento de una atribución o ventaja del beneficiario, muy frecuentemente es también negocio de eficacia instrumental, y esto cuando la satisfacción del interés del tercero, que representa la finalidad del contrato, no sea conseguible mediante el efecto jurídico de la adquisición de un derecho, sino que requiera una sucesiva actividad de cumplimiento.

23 Si se entiende que también el estipulante adquiera, a base de la estipulación a favor del tercero, un derecho propio para pretender, contra el promitente, el cumplimiento de la relación de la que es acreedor el beneficiario (en este sentido, salvo distinta voluntad de las partes, está el § 335 del BGB: respecto a nuestro ordenamiento la misma solución puede argumentarse por el párrafo 3.° del art. 1411), el pago de este último determina además la extinción del crédito del estipulante: tal crédito sin embargo no es directo, si es que se constituye, para obtener la *traditio* al tercero, sino para obtener el cumplimiento de la obligación del promitente hacia el beneficiario. Se queda fuera, por tanto, de la hipótesis de *obligatio tradenti,* a la cual solamente debe limitarse el significado técnico de las expresiones «destinatario del pago» y «pago al tercero».

24 Cfr. SANTINI, «L'intenzione delle parti nella stipulazione a favore di terzo», en *Giur. ital.,* 1953, I, 1, c. 437 (en nota a Cass. 5 julio 1952, n. 2020, de sentido contrario); RESCIGNO, *Studi sull'accollo,* Milán, 1958, pág. 10, n. 17, y pág. 237, nota 38 (que ha modificado así la postura precedente manifestada en el artículo «Acollo e contratto a favore di terzo», en *Banco, borsa e titoli de credito,* 1953, I, pág. 46); CICALA, voz «Acollo», en *Enciclopedia del diritto,* I, Milán, 1958, pág. 284. Por último, en el mismo sentido, parece estar este fallo de la Cass. 30 julio 1957, n. 3239: «para que subsista un contrato a favor de tercero es necesaria una específica estipulación dirigida a constituir una obligación a cargo del promitente y correlativamente una posición de ventaja para un sujeto extraño al negocio».

ción no atribuye derecho alguno al beneficiario[25]— determina la constitución de una obligación que tiene a un tercero como destinatario del pago.

Esto se verifica porque estipulante y promitente, concluyendo el contrato, no se refieren al tercero como a un instrumento de exacción para el acreedor, sino, al contrario, quieren que el deudor accione como instrumento del estipulante para hacer llegar la prestación al beneficiario. Por tanto, entiendo que el contrato con el cual el promitente asume hacia el estipulante el compromiso de efectuar, por cuenta de éste, la *traditio* de un bien en manos de un tercero da lugar a la figura de la *delegación de pago* (art. 1269).

---

25 A veces se habla de contrato «con prestación al tercero» para comprender tanto la figura del contrato del cual deriva la adquisición del derecho a favor del tercero, como la figura en la que el tercero resulta favorecido por la prestación sin tener un derecho para pretenderla. Parece más oportuna, sin embargo, la terminología adoptada, que delinea inmediatamente la contraposición entre los dos casos. Para su diferencia, véase el amplio estudio de Hellwig, *Die Verträge auf Leistung an Dritte*, Leipzig, 1899, págs. 42 y sgts.

Capítulo II
El pago al acreedor

SUMARIO: 1. El pago al acreedor como término de confrontación para el estudio del pago al tercero.— 2. Concepción del pago como contrato.— 3. Perfil estructural y perfil funcional del pago: recíproca autonomía.— 4. El pago como simple realización de la prestación debida: inutilidad del *animus solvendi*.— 5 El pago de la obligación con prestación indeterminada.

1. Destinatario del pago, en la *obligatio tradenti*, puede ser, ya se ha visto, tanto el acreedor como un tercero. Tarea del presente trabajo es preguntarse qué característica presenta la figura del pago al tercero. A tal fin, se hace indispensable una comparación con la hipótesis, por cierto muy frecuente y, por tanto, considerable como normal, del pago efectuado en manos del acreedor, para fijar si y cuáles diferencias subsisten entre las dos hipótesis. Y puesto que la estructura de la *traditio*, en sí considerada[1], no cambia con el mudar del sujeto que actúa de *accipiens*[2], tales dife-

---

1 Esto es, considerada solamente bajo el perfil del desplazamiento del poder de hecho sobre la cosa de un sujeto a otro, e independientemente, por tanto, de su relevancia funcional.

2 De distinta opinión Dalmartello, *La consegna della cosa,* Milán, 1950, págs. 173 y sgts., el cual, negando que la *traditio* se agote en la actividad material para cuyo trámite se realiza el desplazamiento del poder de hecho sobre el bien, acaba por atribuir diversa estructura a la entrega según la naturaleza del acuerdo que, acompañando a la actividad material, determina el contenido de la situación posesoria adquirida por el *accipiens.* Sin embargo, el negocio traslativo del poder de disposición de la posesión, en donde centra su elaboración Dalmartello, constituye, a mi entender, el fruto de una superposición de dos elementos que tienen, en cambio, plena autonomía; puede decirse, la identidad del contenido de la voluntad con la cual la actividad es efectuada por el *tradens* y por el *accipiens* (se trata de la denominada *bilateradidad* que sirve para caracterizar la *traditio* respecto a los otros modos de adquisición «ori-

rencias son, evidentemente, estudiadas en el plano de las funciones que la ejecución de la entrega realiza.

Es preciso, en efecto, tener presente que no solamente en el caso de la transferencia de un derecho, sino también en el caso de simple entrega de una cosa, el ordenamiento considera necesario un control sobre el fin para el cual se establece una atribución[3], consistente en el desplazamiento de la disponibilidad de un valor patrimonial objetivamente individualizado (cosa o derecho) de un sujeto a otro: aparte la regularidad en la voluntad atributiva, se requiere que la atribución sea realizada para actuar una función que, a base de criterio de política legislativa, sea, sin embargo, mudable de época a época y de ordenamiento a ordenamiento[4], esto es, pueda considerarse intrínsecamente *iusta causa*

---

ginaria» de la posesión: estamos sobre el plano de la voluntad del *acto* y por tanto fuera del plano negocial), y el acuerdo sobre la *iusta causa traditionis,* que frecuentemente, pero no siempre, acompaña a la entrega y, representándole el «título» justificativo, funciona como elemento determinativo del contenido de la situación posesoria adquirida por el *accipiens.* La susodicha construcción de la *traditio,* por lo demás, no se concilia, como se verá mejor a continuación, con el hecho de que el denominado *animus* del sujeto que ejercita el poder material sobre la cosa es esencial para determinar el contenido de la posesión. Es oportuno subrayar, de todos modos, que la razón de las perplejidades relativas a la naturaleza de la *traditio* es reconducida a la equivocidad de la definición de la posesión como poder de hecho sobre la cosa: equivocidad que depende de la existencia de situaciones posesorias que no consisten en un poder de hecho. Es mérito de FEDELE, *Possesso ed esercizio del diritto,* Turín, s. f. (pero 1950), nota 31 a, págs. 18-19, el haber precisado —profundizando la aguda observación de FINZI, *Il possesso del diritto,* Roma, 1915, págs. 23 y sgts., según el cual preguntarse si la posesión es una *res facti* o una *res iuris* significa, cuando el problema sea planteado en relación con el primer término, preguntarse si la posesión consiste en una alteración del mundo físico o en una relación jurídica —que «la posesión como supuesto en cuestión es una *res iuris*» desde el momento en que el ordenamiento jurídico equipara a la noción naturalística de la posesión (como poder de hecho sobre la cosa del sujeto en relación al cual se verifican los efectos posesorios) otros supuestos, a los cuales anuda los mismos efectos: estos otros supuestos, a su vez, pueden consistir en fenómenos jurídicos o extrajurídicos.

3 Sobre el concepto de atribución patrimonial, cfr. últimamente NICOLÒ, voz «Attribuzione patrimoniale», en *Enciclopedia del diritto,* IV, Milán, 1959, pág. 283.

4 Así, p. ej., nuestro Derecho positivo considera *iusta causa* de una atribución no solamente la preexistencia entre las partes de una relación obligatoria de

del tránsito del bien. Se comprende que la transferencia de una situación posesoria, verificándose sobre el plano de los hechos, y no de los efectos jurídicos, no puede ser impedida cuando falte una *iusta causa*[5]; sin embargo, cuando la entrega no se considere suficientemente justificada, el legislador, aunque no esté en caso de impedir su efectuación, está en situación de reaccionar *post factum* concediendo al *tradens* los oportunos medios jurídicos (*condictiones*) para recuperar la perdida disponibilidad del bien. Por tanto, la *traditio,* acto de por sí incoloro, no es idónea para determinar una adquisición irreversible del *accipiens* sino en cuanto esté sostenida por una *iusta causa.*

La comparación entre pago al acreedor y pago al tercero lleva, por tanto, a examinar respecto a cada una de las dos hipótesis, no sólo el problema de la justificación causal de la *traditio,* sino también el problema de las eventuales modalidades que deben acompañar a la entrega del bien para permitir la realización de tales funciones.

---

la cual la atribución constituya cumplimiento, sino también la preexistencia, siempre entre las mismas partes, de una denominada obligación natural; mientras que no considera suficiente la preexistencia de una obligación civil entre el *accipiens* y un tercero, ni siquiera cuando el *solvens* haya ejecutado la prestación creyéndose deudor a base de un error excusable, siempre que, no obstante, el acreedor no haya sido privado de buena fe del título o de las garantías del crédito (art. 2036 C. C.).

5 La transferencia de los derechos, en cambio, bien puede ser condicionada a la realización de un supuesto en el cual sea requerida la presencia de una *iusta causa*. Este problema, concerniente a la causalidad del *acto* traslativo, no está confundido, sin embargo, con el de la *iusta causa* de la *transferencia*. Sólo si se refiere a la vicisitud del derecho la exigencia de una *causa* asume, en un ordenamiento moderno, valor absoluto: no es admisible, en efecto, que el legislador consienta la transferencia *definitiva* de un derecho, cuando tal transferencia no esté suficientemente justificada. Pero esta exigencia puede ser satisfecha sea impidiendo sin más la eficacia del acto (sistemas latinos), sea concediendo remedios dirigidos a oponerse *ex post* a la atribución ya realizada por el acto traslativo (sistema germánico). Viceversa, el reconocimiento de la abstracción del acto traslativo, eficaz independientemente de la existencia y de la validez del acuerdo que está en la base, no contrasta en modo alguno con la defensa de los principios fundamentales, y tanto es verdad que se encuentra en ordenamientos, como el alemán, ciertamente no menos evolucionados que el nuestro. Sobre estos problemas véanse las perspicaces observaciones de GORLA, *Il contratto,* Milán, 1955, I, págs. 283 y sgts., 303 y sgts., 504 y sgts.

2. Comenzando el examen de la hipótesis del pago al acreedor, resulta evidente cómo la *traditio* encuentra su justificación en la existencia de la obligación de la cual constituye cumplimiento. Se plantea, en consecuencia, sólo la ulterior cuestión de si, para satisfacer la función solutoria, la *traditio* debe ser efectuada con particulares modalidades. Se trata, en otras palabras, de examinar si existe ya el cumplimiento con la entrega al *accipiens* o bien si es menester además un acuerdo sobre la *iusta causa traditionis* o, cuando menos, una referencia unilateral del *solvens* a la obligación que la prestación tiende a extinguir.

La doctrina antigua consideraba cumplimiento de la obligación sólo el comportamiento solutorio acompañado de un *contrato* entre deudor y acreedor[6]. La explicación de esta opinión hay que buscarla en el hecho de que, teniéndose presente como ordinaria la sola obligación de dar y, sobre todo, específicamente la obligación pecuniaria, se reputaba indispensable para que se operase la transferencia de la propiedad al accipiente, un negocio dispositivo establecido con objeto de cumplir la obligación asumida. Sin embargo, es necesario observar que nuestro ordenamiento[7] no prevé un acto *abstracto* de transferencia[8], vale decir

---

6 En cuanto a la crítica, cfr. GIORGIANNI, *Lezioni di diritto civile,* Catania, 1954, págs, 103 y sgts.; RESCIGNO, *Incapacitá naturale e adempimento,* Nápoles, 1950, págs. 97 y sgts.

7 En cuanto al Derecho romano, en cambio, la transferencia de la propiedad —dada la eficacia puramente obligatoria de los contratos— se incorporaba a un acto traslativo *(mancipatio, in iure cessio, traditio)* distinto respecto al contrato. También en cuanto al Derecho alemán los contratos tienen eficacia solamente obligatoria, pero recientemente el tradicional principio de la necesaria separación entre el contrato y el acto traslativo ha sido sometido a examen crítico y se le ha subrayado su restringido alcance práctico (cfr. KRAUSE, «Das Einigungsprinzip un die Neugestaltung des Sachenrechts», en *Arch. f. d. civ.,* Pr. 145, 1939, pág. 312; SÜSS, «Das Traditionsprinzip Ein Atavismus des Sachenrechts», en *Festchrift für Martin Wolff,* Tubinga, 1952, pág. 141; BEYERLE, «Der Dingliche Vertrag», en *Festchrift für Gustav Boemer,* Bonn, 1954, pág. 164).

8 No había, en cambio, sostenido la admisibilidad GORLA, «L'atto de disposizione dei diritto», en *Annali Univ. di Perugia,* 1936, págs. 54 y sgts., y *La compravendita,* Turín, 1937, págs. 20 y sgts., el cual reconducía la eficacia real atribuida automáticamente a los negocios traslativos (artículo 1125 C. C. de 1865) a la fusión entre un acto de eficacia obligatoria y un acto dispositivo, eficaz aun cuando efectuado sin el soporte de una causa. La tesis de una fusión, en los negocios

un acto que produzca efectos reales sobre la base o de una simple declaración de las partes en tal sentido o del puro cumplimiento dé un acto formal *(mancipatio, transfert)*[9]: la voluntad de las partes es idónea para determinar el efecto traslativo sólo mediante la estipulación de negocios dispositivos justificados por *una*

---

traslativos, de un contrato obligatorio y de un acto de disposición parece compartida por DALMARTELLO, «La prestazione nella obbligazione di dare», en *Riv. trim. dir. e proc. civ.*, 1947, págs. 214 y sgts., e *I contrati delle imprese commerciati*, Padua, 1958, pág. 108, el cual no aclara, sin embargo, si, en su opinión, el acto dispositivo debe ser considerado causal o abstracto. Contra la admisibilidad de un acto traslativo abstracto se ha alineado la doctrina netamente prevalente: cfr. CARRARO, *Il mandato ad alienare*, Padua, 1947, págs. 78 y sgts.; de MARTINJ, *Profili della vendita commerciale e del contratto estimatorio*, Milán, 1950, págs. 14 y sgts.; RUBINO, *La compravendita*, Milán, 1952, págs. 251 y sgts.; T. RAVÀ, «Causa e rappresentanza indiretta nell'acquisto», en *Banca, borsa e tit. di cred.*, 1952, I, pág. 260; PUGLIATTI, «La rappresentanza indiretta e la morte dal raprresentante», en Foro *padano*, 1953, III, c. 78 y sgts.; Gazzara, *La vendita obligatoria*, Milán, 1957, págs. 25 y sgts.; MARTORANO, *La tutela del compratore per i vizi della cosa*, Nápoles, 1959, págs. 96 y sgts. Es de notar que el mismo GORLA reconoce actualmente la inadmisibilidad, en nuestro ordenamiento, de un acto dispositivo abstracto: véase *Il contrato*, cit., I, pág. 506: «En los sistemas latinos falta un acto de *transfert* abstracto o separado del contrato que obliga a dar.» Extraña, por esto, la limitación con que el mismo principio viene enunciado en la página 310 del mismo volumen: «En nuestro derecho una enajenación separada o abstracta no está admitida, *al menos en cuanto a las cosas ciertas y determinadas*» (el cursivo es mío). Por lo que respecta a la tesis de la fusión de un acto obligatorio y un acto traslativo que se realizaría en los negocios traslativos, se verá su crítica *infra* pág. 98.

9 Si la eficacia traslativa es atribuida a un acto formal *puro* (esto es, cuyos efectos encuentran su fuente *exclusivamente* en la solemnidad de la forma empleada), una vez ocurrida la transferencia no es admisible relación alguna, ni siquiera cuando falte o esté viciado el contrato que justifica el acto dispositivo (así, quizá, acontecía, originariamente, por la *mancipatio)*. Viceversa, cuando la eficacia traslativa está incorporada a un acto abstracto, la separación del acto dispositivo del contrato que constituye su justificación no impide la concesión de remedios *(condictiones)* contra las adquisiciones no justificadas por una *iusta causa* y, por tanto, tratándose de negocios dispositivos, por un válido contrato obligatorio. El fenómeno de la abstracción negocial se agota, en efecto, al determinar una cierta «abstracción» de la relación naciente del negocio respecto a otra relación «fundamental»: cfr. PAVONE LA ROSA, *Studi sulla poliza di carico*, Milán, 1958, pág. 272, nota 30; GORLA, *Il contratto*, cit., I, págs. 283 y siguientes.

propria causa[10], que, por tanto, no obligan a transferir, sino que directamente operan la transferencia, si bien, a veces, dilacionado a la realización de un evento sucesivo o al vencimiento de un término. En consecuencia, tratándose de *obligatio tradenti*, el efecto traslativo ya unido al supuesto de hecho constitutivo dé la obligación y no a un acuerdo sobre la *iusta causa* a la cual se acompañe la *traditio*[11].

---

10 Si es verdad que frecuentemente el efecto traslativo va unido a un *negocio* dispositivo, no parece sin embargo necesario afirmar que respecto a toda transferencia deba encontrarse un antecedente negocial (PUGLIATTI, *Esecuzione forzata e diritto sostanziale*, Milán, 1935, pág. 98; ID., *La transcrizione immobiliare*, II, Mesina, 1946, págs. 21 y sgts.). Hay, en efecto, supuestos traslativos de los que se destierra todo comportamiento negocial: basta pensar en las obligaciones extracontractuales (del resarcimiento del daño, del reembolso de las expensas, de la indemnización derivada de la gestión de negocios o del enriquecimiento sin causa, etc.), cuyo cumplimiento determina la transferencia de la propiedad de las cosas debidas no en virtud de una voluntad dispositiva inherente a la *solutio* (de otro modo se recaería en la tesis del negocio abstracto), sino en virtul de la eficacia que a este último acto es atribuida por el mismo legislador, el cual, haciendo surgir la obligación, ha valorado ya positivamente el resultado a realizar y, esto es, la adquisición por parte del acreedor.

11 En este sentido es entendido el principio de que, en nuestro ordenamiento, el pago tiene naturaleza *causal* (GIORGIANNI, *Lezioni*, cit., páginas 111 y sgts.; NICOLÒ, voz «Adempimento», en *Enciclopedia del Diritto*, Milán, 1958, I, pág. 557): no es, por tanto, suficiente para determinar la transferencia de la propiedad de una cosa la *traditio* efectuada a base de una simple causa putativa (pago de lo indebido). Contra la tesis de la causalidad del pago ha sido invocada la regulación de la acción de repetición de lo indebido y, en particular, el artículo 1149 C. C. (cfr. SCUTO, «Natura giuridica e fondamento della ripetizione dell'indebito nel diritto civile italiano», en *Riv. dir. ch.*, 1917, págs. 1 y sgts.), correspondiente al art. 2038 del nuevo código (al cual le es atribuido todavía el mismo valor: ALLARA, *Le nozioni fondamentali*, cit., pág. 468): Con todo, no parece que la disciplina de la *condictio indebiti* hable a favor de la abstracción de la *solutio* (cfr. ampliamente G. ANDREOLI, *La ripetizione dell'indebito*, Padua, 1940, págs. 63 y sgts.), aun siendo exacto que la acción concedida y regulada por los arts. 2033 y sgts. sea una acción personal. La disciplina de la repetición, en efecto, encuentra fácil explicación partiendo del punto de vista de que el *solvens* no pierde (por efecto de la *traditio* y salvo la intervención de otros supuestos: confusión, enajenación al tercero de buena fe, etc.) la propiedad de las cosas que intentaba transferir: la pretensión personal a la restitución viene a *ampararse* en la acción real para la recuperación del bien (con tal que esta acción corresponda al *solvens* que no es necesariamente propietario de lo que

La concepción contractual del pago, fundada sobre la pretendida eficacia traslativa de éste, no puede, por tanto, compartirse absolutamente. Se añade que, para perfeccionar la *solutio,* no solamente no es necesaria la voluntad del acreedor de recibir la prestación en cumplimiento de la obligación, sino que es, desde luego, jurídicamente irrelevante una eventual voluntad contraria[12]. El acreedor, en efecto, puede, indudablemente, rehusar la entrega, afrontando el riesgo de la mora *accipiendi,* pero no puede, cuando reciba el bien debido, pretender atribuir a la *traditio,* contra la voluntad del *solvens,* un distinto alcance causal: de suerte que el disenso entre las partes, mientras, por lo general, impide la realización de cualquier función de la *traditio,* haciéndola repetible, no paraliza su eficacia liberatoria cuando se trate de prestación debida.

3. Si la concepción contractual está hoy abandonada, no puede decirse otro tanto de la tesis que, aun sí en contraste con la

---

ha indebidamente entregado), facilitando la posición del actor, especialmente bajo el aspecto probatorio. Tampoco el art. 2038 tiene necesidad de ser justificado a base del principio de la abstracción del pago, dado que normas análogas están previstas en los arts. 535 y 1776. Sin embargo, más elocuente podría parecer la referencia al art. 2035, que, negando la repetibilidad de cuanto haya sido pagado por causa torpe, parece implicar el reconocimiento de la eficacia traslativa de la *traditio* efectuada *solutionis causa:* no obstante el artículo 2035 es interpretado como negación de la sola pretensión personal a la restitución basada en el pago y, por tanto, cuando se trate de cosa cierta y determinada, el *solvens* conserva el derecho de experimentar la acción real, naturalmente tomando sobre sí la correspondiente carga de la prueba. De tal modo, se respeta plenamente el principio por el cual el pago *ob turpem causam* no puede ser alegado en juicio, porque no puede invocarlo el *tradens* para hacer valer la falta de *iusta causa* del pago efectuado, ni el *accipiens* para paralizar la acción real del *dominus.* En el mismo sentido VENZI, en PACIFICI-MAZZONI, *Istituz. di dir. civ. it.,* 4.ª ed., IV, Florencia, 1908, nota *ee,* pág. 336: «Cuando sea posible, el *solvens* podrá fundarse en el título anterior para obtener la restitución de aquello que exprese, así, p. ej., si estuviese transferida la propiedad de un inmueble podría ejercitar la acción de reivindicación basada en el título anterior de propiedad; el demandado no podrá en tal caso negar la restitución, porque debería, *in excipiendo,* basar su pretensión en el acto torpe, y en esta defensa *non auditur.*»

12 Ultimamente, NICOLÒ, voz «Adempimento», cit. en *Enciclopedia del diritto;* G. ANDREOLI, *Contruto alla teoria dell'adempimento,* Padua, 1937, págs. 63 y sgts.

orientación prevalente[13], continúa entendiendo necesario el denominado *animus solvendi* para la atribución de la cualidad de pago[14]. Pero —parece oportuno subrayarlo— no se debe hablar de un *animus* que haga negocial el mismo comportamiento, sino más bien de un propósito solutorio que debería *acompañar* y cualificar al cumplimiento de la prestación[15]. No parece, por tanto, correcto deducir, como hace una cierta corriente doctrinal, la inutilidad del *animus solvendi* de una comprobada incompatibilidad entre comportamiento *negocial* y comportamiento *debido*. De tal modo, en efecto, se vienen a confundir dos problemas distintos, de los cuales el segundo está, sin duda, mal planteado. La calidad de obligatoriedad, en efecto, concierne al aspecto funcional de la prestación y se agota en la valoración de su conformidad al contenido de una obligación, de la que se afirma que la prestación constituye el cumplimiento: se trata de una calidad, por tanto, que nada dice acerca del *contenido de* la prestación debida[16], mientras que la calidad negocial, que aparece dominante en el plano dinámico de la valoración del supuesto de hecho, no puede ser deducida de elementos extrínsecos, sino sólo de un

13 Últimamente, NICOLÒ, voz «Adempimento», cit. en *Enciclopedia giuridica*, I, pág. 556. La misma doctrina prevalente es sin embargo incierta al configurar el cumplimiento como *acto* o como simple *hecho* (en este último sentido, OPPO, *Adempimento e liberalitá*, Milán, 1947, págs. 385 y siguientes). No obstante no se ve cómo esta duda es conciliable con la opinión, casi pacífica, que construye el concepto de obligación en relación a un deber del deudor de efectuar un dado comportamiento: de esto deriva necesariamente, me parece, que se pueda hablar de pago —o sea, exacta realización del resultado debido— solamente cuando tal resultado sea conseguido mediante un comportamiento humano, esto es, solamente cuando exista un *acto* referible al deudor.

14 Cfr. BARBERO, *Sistema istituzionale del diritto privato italiano*, 5.ª ed., Turín, 1958, II, págs. 29 y sgts.; G. ANDREOLI, *Contributo alla teoría dell'adempimento*, cit., págs. 17 y sgts.

15 Véase GIORGIANNI, voz «Pagamento», en *Nuovo Digesto Italiano*, IX, Turín, 1939, pág. 414: «El denominado *animus solvendi*, cualquiera que sea el contenido que al mismo se asigne..., no puede considerarse más que como un elemento que se *añade* a la actividad del deudor.»

16 Así, exactamente, GIORGIANNI, *Lezioni*, cit., págs. 107 y sgts.; CARIOTTA FERRARA, *Il negozio giuridico*, Nápoles, s. f. (pero 1946-1948), pág. 50 (hay traducción española de Manuel Albaladejo García, con notas sobre Derecho español, Madrid); Barbero, *op. cit.*, II, pág. 30.

análisis relativo a la estructura, al contenido mismo del *hecho*[17] tomado en consideración.

Por tanto, deducido *in obligatione* un cierto comportamiento, a su sucesiva realización se atribuye la calidad de pago; pero esta calificación no puede reflejarse en el contenido, en la estructura de la prestación prometida[18]. La obligatoriedad es un *posterius* que, como consecuencia de la asunción de la obligación, viene a caracterizar a *aquel* cierto comportamiento y precisamente porque el presupuesto ya individualizado no puede modificar sus intrínsecas características. Por esto, es tan *igualmente* poco convincente el pensar que pierda el carácter negocial, p. ej., la estipulación de un contrato deducida como objeto de obligación[19],

---

17 Se contempla aquí al negocio jurídico exclusivamente desde el punto de vista de su relevancia en relación con el ordenamiento y, por tanto, como simple condición de los efectos negociales. Esta, por lo demás, es la posición doctrinal dominante, que coloca al negocio en el mismo plano que todos los demás supuestos (cfr. SANTORO-PASSARELLI, *Dottrina generate del diritto civile,* 5.ª ed., Nápoles, 1957, pág. 108: «El negocio es un acto y, como tal, pertenece a la categoría de los *hechos jurídicos*.» Véase además CONSO, *I fatti giuridici processuali penali,* Milán, 1955, páginas 68 y sgts.). De este modo, por tanto, no se pretenden afrontar los más vastos problemas que el fenómeno negocial presenta sea bajo el aspecto de la distinta relevancia que el mismo asume si inserto en el cuadro del pluralismo de los ordenamientos (cfr. Sal. ROMANO, *Autonomía privata,* Milán, 1957, págs. 76 y sgts.), sea bajo el aspecto de la asentada irreductibilidad del negocio al papel de supuesto de hecho para la autonomía funcional que lo caracteriza, en cuanto manifestación de un poder determinativo de las consecuencias del acto (cfr. DE GIOVANNI, *Fatto e valutazione nella teoria del negozio giuridico,* Nápoles, 1958).

18 Exactamente por esto ALLARA, *Le fattispecie estintive, cit.,* pág. 55 (y ya antes en *Annali Camerino,* 1929, pág. 162) admite que el pago pueda tener o no estructura negocial según la naturaleza de la prestación debida: y así ayuda a sustituir, en el ámbito de la obligación con prestación positiva, a la tradicional bipartición «obligación de dar—obligación de hacer» el binomio «obligación con prestación negocial—obligación con prestación no negocial» *(Le nozioni fondamentali, cit.,* pág. 487).

19 Como sea es notoria, en cambio, una tendencia dirigida a negar el carácter negocial del contrato concluido en cumplimiento del denominado «preliminar»: cfr. RESCIGNO, *Incapacità naturale e adempimento,* cit., páginas 105 y sgts., 117 y sgts.; RAVÀ, «Causa e rappresentanza indiretta nell'acquisto», en *Banca, borsa e tit. de cred.,* 1957, I, pág. 269; MONTESANO, *Contratto preliminare e sentenza costitutiva,* Nápoles, 1953, págs. 35 y sgts.; MJRABELLI, «Dei contratti in generali», en

como el entender que asuma aquella calidad un comportamiento (p. ej., omisivo) de por sí no negocial, por el solo hecho de constituir el objeto de una relación obligatoria. Viceversa —aceptando la doctrina prevalente, según la cual el negocio se caracteriza, respecto a los demás comportamientos humanos, por el papel que en él asume la *intención* (o voluntad del contenido) del autor del acto, intención que es elevada por el ordenamiento al rango de causa eficiente de las consecuencias jurídicas idóneas para realizarlo[20]—, parece necesario concluir que *in obligatione* puede

---

Commentario del codice civile, Turín, 1958, I, págs. 148 y sgts. En contra, Pugliati, «La rappresentanza indiretta e la morte del rappresentante», cit., en *Foro padano,* 1953, III, c. 82; Mengoni, en *Riv. dir. comm.*, 1953, I, pág. 411; Carusi, «In tema di contratto preliminare e di sentenza costitutiva», en *Riv. dir. civ.*, 1955, págs. 861 y sgts. También distinta es la tesis de Satta, *L'esecuzione forzata,* 2.ª ed., Turín, 1952, págs. 250 y sgts., el cual, invocando como argumento decisivo el articulo 2932, parece negar sin rodeos que del preliminar nazca una obligación, en cuanto que este contrato representaría directamente «el título para la constitución de la situación jurídica determinable en virtud del contrato definitivo». No obstante, el nacimiento de una obligación como consecuencia del preliminar es demostración, tanto de la ilicitud —que de otro modo se privaría a las partes de toda tutela contra el riesgo y los daños por el consiguiente retraso— de la negativa de llegar a la estipulación del «definitivo» (a diferencia de cuanto puede decirse a propósito del «*derecho* de obtener por parte del propietario de otro fundo la constitución de una servidumbre», artículo 1032, al que no corresponde una obligación del propietario del fundo sirviente, sino solamente una *sujeción:* cfr. Grosso-Deiana, *Le servitù prediali,* 2.ª ed., Turín, 1955, págs. 309 y sgts.; en contra, Branca, «Delle servitù prediali», en *Commentario del Codice civile,* al cuidado de Scialoja y Branca, *Della proprietà,* arts. 957-1099, 2.ª ed., Bolonia-Roma, 1954, página 363), como de la libertad de las partes de pedir, además de la denominada ejecución específica del preliminar, el resarcimiento de los daños. Estos mismos argumentos concurren en cuanto al carácter de acto dispositivo atribuible a la estipulación del contrato definitivo, sea, no obstante, en cumplimiento de la obligación naciente del preliminar, y valen para demostrar la enorme dificultad de colocar en este último la fuente de los efectos negociales perseguidos, degradando la estipulación del definitivo a simple condición para su realización.

20 Aunque el criterio para discernir entre el acto negocial y el acto no negocial sea todavía objeto de discusión, me parece que se afirma exactamente, precisando la posición de la doctrina tradicional, que, mientras en los actos jurídicos en sentido estricto «la intención *precede* al acto y se *realiza* en la elección del medio, sin entrar en la estructura del acto mismo», de modo que éste viene asumido por el ordenamiento «como *mero presupuesto de efectos jurídicos* pre-

ser deducido tanto un comportamiento negocial, esto es, idóneo para satisfacer el interés del acreedor por los efectos jurídicos que de él derivan, como un comportamiento no negocial, idóneo, por tanto, para satisfacer el interés del acreedor mediante los solos resultados que provoca en la realidad fenoménica.

No vale invocar en contra la irrelevancia de la incapacidad del *solvens* a efectos de la validez del cumplimiento (art. 1191) para recabar la existencia de un autónomo esquema estructural del acto debido[21]. El problema de la capacidad necesaria para la

---

ordenados por la ley», en el negocio se manifiesta un «poder de configurar el supuesto sobre la base del equilibrio de intereses a que está dirigida la intención del autor», esto es, viene atribuido relieve por el ordenamiento a «una distinta voluntad dirigida precisamente a la producción de los efectos» (así SANTORO-PASSARELLI, voz «Atto giuridico», en *Enciclopedia del Diritto,* IV, Milán, 1959, págs. 205 y sgts., y ya antes en *Dottrine generali del diritto civile,* cit., pág. 108. Hay traducción española de A. Luna Serrano, Madrid, 1964, Ed. Rvta. D.° Pvdo.). Sobre esta línea se asenta la reciente observación, según la cual cualquier comportamiento humano está en disposición de realizar un interés del agente, pero sólo en el negocio «el evento idóneo para realizar el interés no es el acto, sino, sobre todo, aquella particular situación efectiva que el acto consigue por obra del derecho» (CAMPAGNA, *I «negozi di attuazionen,* cit. pág. 58), lo que vale para explicar por qué solamente en los negocios adquiere relevancia jurídica «el programa que el agente mira a realizar con el cumplimiento del acto y que el derecho traduce en una determinada serie efectiva» (PUGLIATTI-FALZEA, *I fatti giuridici,* Mesina, 1945, pág. 4).

21 Cfr. RESCIGNO, *Incapacità naturale e adempimento,* cit. págs. 104 y siguientes; MIRABELLI, *L'atto non negoziale net diritto privato italiano,* Nápoles, 1955, págs, 204 y sgts. En contra, con referencia a la obligación de estipular el contrato definitivo, CARUSI, «In tema di contratto preliminare e sentenza costitutiva», cit. en *Riv. dir. civ.,* 1955, pág. 863, el cual entiende que, en tal caso, la prestación debida es «el consentimiento legítimo, o sea, precisamente, entre otras cosas, aquel expreso en los modos y con la observancia de las formas habilitantes previstas por la Ley». En mi opinión, es necesario proceder con muchas cautelas en las afirmaciones generales: así, p. ej., una cosa es sostener la absoluta irrelevancia de la incapacidad, que debería conducir a admitir que el acreedor pueda pretender, teniendo conocimiento de la incapacidad, la no impugnabilidad del contrato definitivo *ya* estipulado del incapaz, y otra es sostener la absoluta irrelevancia de la incapacidad, que debería conducir a admitir que el acreedor pueda pretender, teniendo conocimiento de la incapacidad, el cumplimiento por el mismo incapaz, en vez de por su representante legal (y esto, por tanto, también en juicio). Esta conclusión aparece en contraste con la exigencia (para evitar los riesgos de consecuentes controversias) de una preventiva valoración

validez de un acto considera, en efecto, la disciplina del acto mismo, no su estructura, y constituye, por consiguiente, un *posterius* respecto al acto. Por tanto, si el carácter negocial depende, como se ha dicho, de una calidad *de hecho* y, esto es, de un particular aspecto de la voluntad con la que el acto es ejecutado, bien se puede admitir que la función solutoria atribuida al negocio al deducirlo *in obligatione* reacciona sobre su normal disciplina, provocándole modificaciones, no importa si notables[22]; esto no autoriza, sin embargo, a sostener que quede sin más cambiada la estructura del comportamiento debido.

---

de la perfecta correspondencia entre el contenido del contrato definitivo, del cual se solicita la estipulación y la obligación asumida con el preliminar, valoración que puede ser confiada sólo a una persona capaz. De notable interés, a este propósito, resulta el siguiente fallo de la Cass. 10 mayo 1958, número 1542, en *Giur. ital.*, 1958, I, 1, c. 1006 (con nota de Semiani-Bignardi, *Esecuzione specifica dell'obbligo di concludere un contratto e fallimento*): «La ejecución específica de la obligación de concluir un contrato no puede ser continuada después de la declaración de quiebra del obligado, ni siquiera si la relativa demanda judicial ha sido transcrita con anterioridad a la quiebra.» La misma afirmación, en fin, de la no impugnabilidad del acto negocial establecido en situación de incapacidad ocasiona gran perplejidad: Piénsese en el contrato con un tercero estipulado por el mandatario sin representación que ha devenido incapaz posteriormente a la válida estipulación del contrato de mandato, o a la incapacidad del emitente de una letra de cambio, sobrevenida después de haber válidamente asumido la obligación de *expedir* al acreedor un título cambiario en cumplimiento de una obligación contractual; en este último caso, por ejemplo, ¿es admisible que ya no encuentre aplicación el principio de la invalidez de la firma extendida sobre el documento por el incapaz, con la consecuencia de que cualquier portador del título, frente a la excepción de incapacidad, pudiera *referirse* al carácter *debido* del acto *efectuado* por el incapaz?

22 En jurisprudencia ha sido afrontado el problema de la rescindibilidad del contrato definitivo, en relación a la cuestión sobre el momento inicial de la prescripción de la acción, resolviéndolo prevalentemente en el sentido de referir tal momento a la estipulación del negocio definitivo y no del correspondiente preliminar: Cfr. Cass. 16 octubre 1957, núm. 3892, en *Rep. For. it.*, 1957, voz *Vendita,* núm. 277; Cass. 23 abril 1947, en *Foro it.*, 1947, I, 726; App. Nápoles, 12 mayo 1951, en *Dir e giur.*, 1952, pág. 177 (con nota crítica de Mirabelli, *La rescissione del contratto preliminare).* En contra, App. Mesina, 14 abril 1954, en *Foro it.*, 1955, I, c. 1764. Por último, véase también, con referencia al pacto de *retracto,* Cass. 20 juni 1958, núm. 2152, en *Giust. civ.*, I, pág. 1900.

4. Una vez aclarado que la *solutio* constituye *negocio o* simple *acto* exclusivamente en consideración al contenido de la prestación debida, el problema del *animus solvendi* puede ser planteado en sus exactos términos: para considerar cumplida una obligación ¿es suficiente la congruencia entre el resultado realizado por obra del *solvens* y el deducido como contenido de la obligación, o bien es necesario que la prestación sea acompañada de una declaración con la que el deudor manifieste su voluntad de cumplir? Y en particular por lo que respecta a la *obligatio tradenti,* ¿existe ya pago desde que entre las partes ha sido efectuada la entrega, o bien es menester, además, una referencia a la *causa traditionis,* esto es, a la obligación cumplida?

Definido el pago como la *exacta* realización de la prestación debida, parece preferible estar de acuerdo con la doctrina dominante que justamente se pregunta por qué tiene que ser requerido un ulterior elemento, además de la actuación del resultado asumido como contenido del deber, y subraya el absurdo de negar el cumplimiento cuando el deudor ejecuta una prestación debida (p. ej., de hacer), con olvido de la obligación o para satisfacer intereses propios: todo esto por no hablar de la dificultad de encontrar el *animus solvendi* cuando se trate de prestaciones conmutativas o, sencillamente, negativas. Una simple comparación, además, con los otros sectores del Derecho[23] debería convencer de lo injustificado que es el entender no suficiente la realización del resultado debido y el exigir una declaración de la intención solutoria para atribuir la calidad de pago al cumplimiento de la prestación. ¿Cómo —es preciso preguntarse— jamás nadie se ha planteado la duda de la necesidad de un *animus solvendi* por lo que respecta al cumplimiento de los deberes impuestos por el Derecho público (en particular por el Derecho penal) o de los deberes correspondientes a los denominados derechos absolutos en el campo mismo del Derecho civil? ¿Cómo nunca, incluso respecto a las otras relaciones privatísticas de carácter relativo distintas de los créditos, no ha surgido jamás la duda de que el

---

23 Exactamente ha sido aclarado que «la figura del pago o cumplimiento, entendida como realización o actuación de la prestación debida, no es exclusiva de la materia de las obligaciones, sino que es común a todas las clases de relaciones jurídicas» (ALLARA, *Le fattispecie estintive,* cit. página 54).

comportamiento congruente con el impuesto por la norma deba estar integrado por una declaración de voluntad dirigida a calificar como cumplimiento el resultado realizado? La necesaria unidad del sistema legislativo induce a concluir con certeza que también respecto al pago de las obligaciones no puede ser pedido nada más o nada distinto de un comportamiento congruente con el establecido como contenido de la obligación: el legislador se desinteresa del *porqué* los sujetos obedecen, como suele decirse, a sus mandatos; lo importante es exclusivamente que tales mandatos no sean violados. Igualmente en el caso de relaciones obligatorias queda, por tanto, privado de relieve el hecho de que el resultado debido sea realizado por motivos egoístas o por espíritu de liberalidad, con o sin conocimiento de la existencia de la obligación.

5. A la tesis que no requiere un específico propósito solutorio, conformándose con la denominada dirección objetiva impresa a la prestación por el ordenamiento, se opone la relevancia, pacíficamente reconocida, de la eventual manifestación de voluntad con la que el deudor, excluyendo la intención solutoria, declare comportarse no *solutionis causa,* sino, p. ej., *credendi* o *donandi causa:* reconocimiento que comportaría, se dice, la implícita admisión de la necesidad del *animus solvendi*[24].

La objeción no convence. Ante todo, porque tal relevancia no está reconocida respecto a todo tipo de prestación; en efecto, si el deudor, obligado por hipótesis a construir un muro, declara expresamente construirlo no por cumplir, sino por efectuar un acto de liberalidad, esta declaración será si acaso interpretable como una renuncia a la contraprestación, pero en ningún caso podrá conducir a eliminar aquella valoración de conformidad del comportamiento llevado a cabo con el comportamiento debido, valoración que deriva, sin posibilidad de dudas, de su objetiva congruencia. Del mismo modo, si él deudor está obligado a entregar una cosa determinada con base en un contrato de arrendamiento, verdaderamente no se alcanza a ver cómo pueda dudarse de que haya exacto cumplimiento aun cuando el deudor,

24 En tal sentido, BARBERO, *Sistema istituzionale,* cit., II, pág. 28. En contra, RESCIGNO, *Incapacità naturale e adempimento,* cit. págs. 104 y siguientes.

al entregar la cosa, declare querer venderla y no tener intención alguna de darla en arrendamiento: con tal que el acreedor baya recibido la cosa (y siempre que no haya aceptado la propuesta de venta), el resultado a realizar —adquisición de la disponibilidad de la cosa por parte del destinatario del pago— ha sido conseguido, y, por tentó, ninguna importancia se atribuye a la declaración del *solvens,* que no podría, en consecuencia, pretender la restitución del bien invocando la falta de la intención solutoria en el momento de la entrega.

Bien mirado, por tanto, la relevancia de una declaración del deudor dirigida a excluir la intención solutoria se restringe a un grupo limitado de casos; y como entre éstos se incluye también el caso de la prestación pecuniaria, la tendencia a considerar de alcance general los principios valederos para dicha obligación pecuniaria explica cómo nunca puede sostenerse la exigencia del *animus solvendi* sin tener en cuenta la restringida esfera en que encuentra aplicación.

Sin embargo, verdaderamente, tratando de precisar respecto a qué casos debería ser indispensable la intención solutoria, encontraríamos que en la base de la tesis que sostiene su necesidad hay un equívoco atribuible al hecho de que a veces la prestación deducida en obligación no está suficientemente determinada, sino solamente *determinable* (art. 1364): así como la individualización de la prestación, generalmente, corresponde al deudor[25], se toma equivocadamente por manifestación de una pretendida intención solutoria la que en realidad es la declaración con la que el deudor, ejercitando su derecho de elección, provee, al cumplir, a individualizar la prestación. Queda así plenamente comprensible como nunca, sólo en casos semejantes, una declaración del deudor, dirigida a excluir la intención solutoria, alcanza a impedir el perfeccionamiento de la *solutio:* el pago no se perfecciona no porque falte un inútil *animus solvendi,* sino porque mientras la prestación no haya sido individualizada no puede ni siquiera ser cumplida.

---

25 O sea, *también* al deudor, como sucede en los casos en que la individualización debe ser cumplida «de acuerdo» entre las partes (art. 1378).

El ejemplo clásico y más importante de obligación con prestación indeterminada es el de obligación genérica[26]; pero la necesidad de una especificación puede hallarse también en otras hipótesis. Así, p. ej., cuando un mandatario sin representación se obliga a adquirir una cosa para el mandante, el solo hecho de haber adquirido de un tercero no es todavía suficiente para considerar cumplida la obligación, en cuanto que el mandatario podría haber estipulado por su propia cuenta: la falta de suficiente determinación de la prestación debida puede ser superada sólo mediante una declaración del *solvens* que consienta operar la coligación entre *aquel* cierto contrato que él estipula «por cuenta» del mandante y la obligación asumida hacia este último[27].

Se comprende que la necesidad de individualizar la prestación presente un mayor relieve cuando se trate de obligación genérica (o alternativa) preordenada a la realización de una eficacia traslativa: en tal caso, en efecto, no siendo la *traditio* idónea para

26 Sin que adquiera relevancia el hecho de que la *traditio* esté o no preordenada a la realización de una eficacia traslativa: tanto si estoy obligado a entregar dos caballos de mi caballeriza en cumplimiento de un contrato de compraventa, como si estoy obligado a entregarlos en cumplimiento de un contrato de arrendamiento, no hay cumplimiento si entrego dos caballos, p. ej., para donarlos. En consecuencia, si la donación no se perfecciona, el *solvens* puede perfectamente reclamar la restitución de los caballos entregados, negando que su *traditio* haya ya realizado el resultado debido: de otro modo, se vería privado de la facultad de decidir libremente cuáles entre los caballos de la propia cuadra intenta destinar al cumplimiento de aquella cierta obligación. Puede decirse que, todas las veces que se trate de prestación no suficientemente determinada, no es posible estar seguros *a priori* de que una dada prestación constituya cumplimiento de una cierta obligación: en tales casos, por tanto, el deudor tiene no solamente el deber de realizar el resultado debido, sino, sobre todo, el de proveer a cooperar a su determinación.

27 «Para que haya cumplimiento por parte del mandatario, es menester por parte del mandatario mismo, al acto de la adopción del comportamiento debido al mandante, el *animus solvendi:* a falta de éste, el negocio debe entenderse estipulado por el mandatario *por cuenta propia*» (MINERVINI, *Il mandato,* Turín, 1952, pág. 77 [hay traducción española], al cual se adhiere PUGLIATTI, *op. cit.* en *Foro padano,* 1935, III, nota 60, c. 86). Me parece, no obstante, que no se debe hablar de *animus solvendi,* sino de una declaración necesaria para individualizar la prestación que, por su naturaleza, no está suficientemente determinada a base del contrato de mandato.

perfeccionar la transferencia, ésta va incorporada a la individualización de las cosas a transferir en el ámbito del género, individualización que no se agota en una simple separación material, sino que requiere además una manifestación de voluntad con la cual sea ejercitado el derecho de elección[28]. No se trata de una

---

28 Es mi impresión que muchas incertidumbres doctrinales sobre el concepto de individualización de la obligación genérica, en particular por lo que respecta al caso de la venta de cosas genéricas, son atribuibles a la superposición de tres elementos: el acuerdo necesario para la determinación del *momento* del efecto traslativo; el acuerdo requerido para la individualización (art. 1378); el acuerdo que caracteriza la adquisición de la posesión mediante entrega. No obstante la común estructura bilateral y la admisibilidad de una contemporánea realización, como sucede, por ejemplo, en la denominada venta *real*, estos elementos se mantienen rigurosamente separados. En efecto, aunque la doctrina y el código parezcan proceder de la concepción de que sea tarea del legislador establecer la modalidad cronológica de la vicisitud traslativa, es necesario poner de relieve que la intención negocial de las partes, para estar suficientemente determinada, no debe dirigirse solamente a precisar cuáles efectos sean perseguidos con la estipulación del contrato traslativo, sino que debe dirigirse además a precisar en qué momento sea querida la realización de tales efectos. Por tanto, el artículo 1378, que incorpora el efecto traslativo a la individualización hecha de acuerdo entre las partes o, cuando se trate de «cosas que deben ser transportadas de un lugar a otro», a la «entrega al porteador o al expedicionista», establece una presunción *iuris tantum* (estamos, por esto, frente a una norma *interpretativa* y no, como se entiende comúnmente, supletiva: para la diferencia entre estos dos tipos de normas, crf. BETTI, *Interpretazione delta legge e degli atti giuridici*, Milán, 1949, pág. 145, y mi «Mancanza dell'effetto estintivo nella novazione oggttiva», en *Riv. dir. civ.*, 1958, I, págs. 373 y sgts.), a base de la cual, en caso de duda, debe entenderse que la intención de las partes está dirigida a hacer coincidir el pase de la propiedad con la individualización o con la entrega al porteador. No es discutible, por tanto, que las partes puedan, o desde la estipulación del contrato, o posteriormente, posponer el efecto traslativo como pueden siempre dilacionar la transferencia de cosas determinadas. El único límite a la voluntad de las partes está señalado por la imposibilidad de operar la transferencia de cosas todavía no determinadas, de ahí la norma interpretativa del artículo 1378.

Hechas estas precisiones, debería parecer claro cómo a la individualización no deba serle atribuida jamás una función traslativa, si no se quiere resbalar peligrosamente hacia la tesis del negocio abstracto de transferencia. No parecen aceptables, por esto, las tesis sostenidas por MAJELLO, «L'individuazione nella vendita di genere», en *Riv. dir. civ.*, 1958, I, páginas 181 y sigts., el cual, partiendo de la exacta observación de que la intención traslativa de las partes se dirige ordinariamente a actuar la función de cambio al momento de la entrega

declaración distinta de la considerada anteriormente a propósito del cumplimiento de la obligación por parte del mandatario: se comprende, no obstante, que cuando la individualización, como frecuentemente ocurre, coincide con la entrega, la declaración del *solvens* puede parecer la manifestación de una intención solutoria indispensable para integrar el pago, más bien que el instrumento necesario para la especificación de la prestación debida. Por tanto, si Ticio, p. ej., debe 100 liras, es, sí, necesario que la *traditio* de la suma sea efectuada de modo que permita afirmar que precisamente *aquéllas* son las 100 liras debidas, pero esto no significa que la extinción de la relación deba reconducirse a una voluntad del *solvens.*

En favor de la tesis contraria puede invocarse una contradicción que se determinaría no admitiéndola. Ya se ha notado cómo, en el caso de prestaciones no suficientemente individualizadas, y en particular de entrega de cosas genéricas, una declaración del *solvens* contraria al cumplimiento excluye el carácter solutorio de la *traditio,* aun cuando el *accipiens* no comparta la función indicada por el *tradens* y reciba la entrega como satisfacción de su crédito[29]; ahora bien, si el objetivo cumplimiento de la *traditio* constituye ya cumplimiento de la obligación, debería negarse toda relevancia a una declaración con la que el *solvens* le negase función solutoria, análogamente a cuanto se ha observado precedentemente a propósito de todas las demás obligaciones. La relevancia reconocida a la manifestación de una intención contraria a la *causa solvendi* representa, por tanto, la mejor confirmación de que hay cumplimiento, no con la ejecución de la *traditio,* sino

---

(lo cual vale solamente para excluir que las partes hayan querido obligarse a efectuar la individualización con anterioridad a la entrega, no ya que sea admisible entregar cosas todavía no individualizadas), llega a la conclusión de que para entregar no es necesaria una previa individualización, de modo que ésta se efectuaría sólo para anticipar el efecto traslativo, asumiendo, por tanto, una autónoma eficacia dispositiva. De tal modo, sin embargo, se vienen a confundir la entrega con la individualización (ambas, en cambio, son tenidas siempre por distintas, aun cuando coincidan cronológicamente: cfr. RUBINO, *La compravendita,* cit. pág. 295), y el acuerdo requerido para la individualización con la cláusula negocial, contemporánea al contrato o sucesiva, necesaria para determinar la modalidad cronológica de la transferencia del derecho.

29 Cfr. KRETSCHMAR, *op. cit.* en *Jherings Jahrbücher,* 86, 1936-37, páginas 164-165.

sólo con la ejecución de la *traditio*, precedida o acompañada de la necesaria individualización.

La doctrina prevalente, no obstante, sin preocuparse de la hipótesis de prestaciones no suficientemente determinadas, entiende que para integrar el pago no es necesaria nunca una declaración del *solvens* e invoca a su propio favor el artículo 1191, que sanciona, como se ha notado, la irrelevancia de la incapacidad del *solvens* a los fines de la validez del cumplimiento[30]. Se puede sin más admitir que la disposición invocada se refiera también al caso en el que el *solvens* haya no solamente ejecutado, sino también individualizado la prestación en estado de incapacidad: esto no significa, sin embargo, que pueda darse pago sin una previa determinación. El artículo 1191, en efecto, se limita a decir que el deudor no puede impugnar el pago a causa de la propia incapacidad y presupone, por tanto, que la prestación efectuada deba *ya* calificarse de pago. Esto es, el artículo 1191 no sirve para precisar qué elementos deben concurrir para que haya cumplimiento, sino que solamente está dirigido a establecer que, si la deuda está *pagada*, el *solvens* no puede pretender repetir la prestación haciendo valer la propia incapacidad. Por esto no queda superada la objeción de que no hay pago hasta que se haya efectuado una previa individualización, y, por tanto, tratándose de prestaciones indeterminadas, una declaración del *solvens*[31]: no hay quien no vea, en efecto, cómo es cosa bien distinta decir que constituye pago no impugnable la entrega, incluso de cosas genéricas, efectuada por el deudor aunque se halle en estado de incapacidad,

---

30 CARIOTA FERRARA, *Il negozio giuridico*, cit. pág. 47; RESCIGNO, *Incapacità naturale e adempimento*, cit. págs. 114 y sgts.; MIRABELLI, *L'atto non negoziale*, cit. págs. 240 y sgts.; NICOLÒ), voz *Adempimento*, cit., en *Enciclopedia del diritto*, I, pág. 558.

31 Es claro, sin embargo, que la exigencia de una declaración de elección del *solvens* para la concentración de la obligación devenga más desvaída a medida que disminuyen las peculiaridades de las particulares especies del género en el que está individualizada la prestación, hasta parecer completamente irrelevante cuando, como en el ejemplo típico de la prestación pecuniaria, la plena fungibilidad entre los individuos del género tiende a excluir la existencia de un apreciable interés del deudor a elegir unas con preferencia a otras. En tal caso, sin embargo, también para excluir la eficacia solutoria de la prestación efectuada sin estar precedida de la necesaria concentración, la presencia de todos los requisitos para la compensación legal elimina todo peligro de inconvenientes.

pero *a título de cumplimiento,* o, en cambio, decir que hay ya pago aun cuando la *traditio* de cosas genéricas no vaya precedida de la necesaria individualización, como en el caso de un demente que, distribuyendo en una plaza billetes de mil a quien le parezca, entregue también una suma de dinero a un acreedor suyo que por casualidad se encuentre entre los viandantes.

Contra la tesis sostenida por quienes estiman que no puede haber pago sin una previa individualización, no se atribuye mayor relevancia a una eventual referencia al artículo 1193, que comprobaría cómo la imputación de la prestación a la relación, por parte del deudor, no es esencial, en cuanto que, faltando la declaración con la que el *solvens* especifica a qué deuda deba referirse la prestación, la imputación se efectúa generalmente a base de criterios objetivos: es suficiente replicar que los criterios establecidos por el párrafo 2.° del artículo 1193 se limitan a suplir la carencia de una concreta indicación de la deuda a la que es imputado el pago, pero siempre sobre el presupuesto de que pueda ya hablarse de *pago,* es decir, que se trate de una prestación *debida,* calificación que requiere la necesidad de una referencia del *solvens,* si bien genérica, a la obligación que pretende extinguir[32].

32 Sobre el carácter de norma interpretativa-integrativa atribuible al artículo 1193 (art. 1255 c. c. del 65), sobre el presupuesto, por tanto, de una manifestación de voluntad *lagunosa,* cfr. G. ANDREOLI, *Contributo alla teoria dell'adempimento,* cit., pág. 40, nota 61.

Capítulo tercero
El pago al tercero en sentido propio

Sección I
El fundamento causal de la prestación efectuada al tercero

SUMARIO: 1. Duplicidad de las causas: relación de cobertura y relación de valuta.— 2. Simultaneidad de la actuación de las dos relaciones internas.— 3. Insociabilidad entre el pago al tercero y el cumplimiento de la obligación ajena.— 4. Planteamiento de la distinción entre las dos hipótesis de pago al tercero.

1. La *traditio* efectuada en manos del acreedor encuentra su justificación causal en la existencia de la obligación de la que constituye cumplimiento y actúa la función solutoria sin necesidad ni de acuerdo sobre la *iusta causa traditionis,* ni de una referencia unilateral del *solvens* a la obligación que la *traditio* extingue. Estas conclusiones ofrecen la base de confrontación para la investigación que es necesario emprender con el fin de fijar qué características presenta el pago al tercero.

El estudio de la justificación causal de la *traditio* efectuada a un tercero[1] no es tan simple como el estudio correspondiente al caso de pago en manos del acreedor. La obligación para cuyo cumplimiento actúa el *tradens,* en efecto, es idónea para representar la *iusta causa* de la entrega solamente si se trata de un desplazamiento patrimonial actuado entre los mismos sujetos de

---

1 Tal estudio ha sido profundizado en modo particular por Betti, «L'attuazione di due rapporti causali atraverso un unico atto di tradizione», en *Bull. Ist. dir. rom.,* 1933, págs. 168 y sgts. Este trabajo es esencial para el estudio del fenómeno de la atribución indirecta, si bien no se puedan compartir las conclusiones.

la obligación: en cambio, cuando destinatario del pago es un tercero, la obligación nos da razón del empobrecimiento del *solvens* frente al acreedor, pero no nos dice nada sobre la causa de la adquisición por parte del *accipiens.*

La causa de esta adquisición se busca, por tanto, en una distinta relación, y como la prestación es siempre deducida en obligación para satisfacer un interés del acreedor, la admisibilidad de elevar a contenido de una obligación la ejecución de la *traditio* en manos del tercero demuestra que tal relación no puede sino mediar entre este último y el acreedor. El pago al tercero, por tanto, se presenta idóneo para actuar contemporáneamente una doble función: una entre *solvens* y acreedor (relación de cobertura)* y otra entre acreedor y tercero (relación de valuta).

La explicación del pago al tercero se busca en el hecho de que, mientras frecuentemente la *iusta causa* de un desplazamiento patrimonial tiene carácter unitario, en el sentido de que una misma relación justifica al mismo tiempo tanto el empobrecimiento de quien opera la atribución como el enriquecimiento de quien se beneficia, a veces el legislador admite una escisión entre *causa dandi* y *causa accipiendi,* en el sentido de que las justificaciones de la pérdida y de la adquisición han de buscarse en dos distintas relaciones que ligan al acreedor del *tradens,* partes ambas entre las cuales se efectúa la atribución. El *solvens* ejecuta, en efecto, la entrega al *accipiens* para cumplir la obligación asumida hacia su acreedor, mientras que el *accipiens* adquiere el poder de hecho sobre la cosa en actuación de una relación que media no con el *tradens,* sino con el acreedor de éste[2].

---

* La locución «rapporto di provvista» se traduce por «relación de cobertura», por entender que es más usual que «relación de provisión» en nuestros autores. *(N del T.)*

2 Cfr. BETTI, *op. cit.,* pág. 170: «La naturaleza causal de la *traditio* parece plantearse allí donde sea hecha con objeto de actuar dos distintas relaciones causales, en que el tercero se encuentra o se pone: *a)* con el tradente, y *b)* con el accipiente. Aquí la tradición, más que servir, como ordinariamente, para actuar una *única relación causal entre tradente y accipiente,* idónea para justificar el traspaso del dominio de uno a otro, sirve para actuar *dos relaciones causales distintas intercedentes entre cada una de las partes y el tercero.* Por la parte del tradente, la tradición está destinada a actuar (disolver o constituir) una relación entre el tercero y el mismo tradente. Por la parte del accipiente, está destinada a actuar

Se trata, por tanto, del conocido fenómeno por el que un único desplazamiento patrimonial está en situación de actuar dos atribuciones, del *tradens* al acreedor y de éste al *accipiens*. Respecto a entrambos permanece la exigencia de una justificación causal, faltando la cual se verifican los típicos efectos legales (acción de repetición, de enriquecimiento sin causa) encaminados a oponerse a una adquisición injustificada: pero se trata de una función o, en su defecto, de una reacción relevante sólo en las relaciones internas entre *solvens* y acreedor de un lado y entre acreedor y *accipiens* de otro.

2. Precisado que el pago al tercero es considerado una atribución indirecta, esto es, privado de una propia justificación causal, pero idónea para influir sobre las relaciones internas que ligan respectivamente *tradens* y *accipiens* y un otro sujeto (el acreedor del *tradens)*, deriva de esto que la *traditio*, para constituir cumplimiento de la obligación de ejecutar la prestación al tercero, no puede ser justificada por un acuerdo concluido entre el *solvens* y el *accipiens* para dar actuación a una de las dos relaciones básicas: en tal caso, en efecto, la justificación causal de la atribución se buscaría exclusivamente en la relación para cuya actuación las partes proceden, y por esto se encontrarían frente —aun cuando se trate de una función reconocida por el ordenamiento como

otra relación entre el tercero y el accipiente *mismo.*» La necesaria causalidad de la *traditio*, en la hipótesis descrita, es salvada por Betti atribuyendo al *tradens* y al *accipiens* la común intención de ejecutar la orden proveniente del tercero (delegación, *iussum)*. La tesis, aceptada por Bigiavi, «Falso nella firma del delegante e del tradente», en *Riv. dir. comm.*, 1938, I, págs. 365 y sgts. (vuelto a publicar en *La detegazione*, Pádua, 1940, págs. 349 y sigts.), puede decirse hoy dominante. A mi modesto parecer, no obstante, la causalidad de la traditio se busca en justificaciones funcionales y no estructurales del acto: de esto se obtiene que la actuación de dos distintas relaciones causales no requiere un acuerdo de *tradens* y *accipiens* sobre la *función* de la prestación; así como, por lo demás, la actuación de la relación obligatoria, cuando la prestación sea directamente ejecutada por el deudor al acreedor, no requiere acuerdo alguno sobre la *causa traditionis*. No me parece necesario, por tanto, reconducir la justificación del fenómeno de las atribuciones indirectas a un acuerdo causal, aunque sea ciertamente indispensable que también en tal caso el desplazamiento patrimonial sea justificado por *iustae causae* relevantes en las relaciones internas.

iusta causa de un desplazamiento patrimonial— a una atribución *directa,* justificada por una *iusta causa* relevante *inter partes.*

El propósito de actuar la propia relación interna con otro sujeto, por tanto, explica que nunca *tradens* y *accipiens* estén dispuestos a ejecutar y a recibir la prestación, pero no debe entenderse que ora uno, ora otro de tales propósitos sea elevado, mediante un acuerdo entre las partes, a momento determinante para la justificación causal de la atribución.

Esta afirmación contrasta con la muy distinta opinión de quienes[3], considerando inadmisible la *simultánea*[4] actuación de las dos relaciones que están en la base de la atribución (indirecta), entienden necesario un acuerdo que eleve una u otra de tales relaciones a justificación de la misma, de modo que la actuación de la relación interna a la que las partes se refieren constituiría efecto *inmediato* de la prestación, coligado a ésta por un nexo de *causalidad,* mientras que la actuación de la otra constituiría un simple efecto *reflejo,* coligado a la *traditio* por un nexo de *ocasionalidad:* esto es, sería siempre necesario que la realización de una de las dos relaciones básicas se eleve «a la dignidad de función típica objetiva de la atribución»[5].

En sentido contrario se debe subrayar cómo la simultánea actuación de las dos relaciones básicas sea tan poco admisible que a cada una de las partes entre las cuales viene efectuada la *traditio* no solamente es indiferente que la prestación encuentre

---

3 NICOLÒ, *L'adempimento dell'obbligo altrui,* Milán, 1936, págs. 127 y siguientes.

4 La objeción de NICOLÒ, *op. cit.,* pág. 134, está dirigida contra la ya referida opinión de BETTI, y, bajo este aspecto, debe considerarse irrefutable, porque justamente pone de relieve cómo la declaración de un sujeto extraño a la *traditio* (declaración por la que se determinaría la común intención del *tradens* y del *accipiens* de colocar la prestación con indirecta referencia a las relaciones internas) «no puede tener de por sí la eficacia de imprimir al negocio atributivo una configuración particular», especialmente en cuanto a aquella declaración debe reconocérsele «un contenido diverso según el sujeto al que se dirige». El haber rechazado la tesis de BETTI: no es, sin embargo, suficiente para rechazar que la *traditio,* no efectuada para actuar una relación relevante directamente entre *solvens* y *accipiens,* vaya justificada por la simultánea actuación de dos relaciones internas. Esto es, se trata de encontrar una distinta explicación técnica del fenómeno, más que de atribuirle un distinto contenido.

5 NICOLÒ, *op. cit.,* pág. 135.

o no justificación respecto a la otra en la relación interna con el acreedor del *tradens,* sino que, sin duda, es muy frecuentemente desconocido de qué relación se trate. Además, aun cuando *solvens* y *accipiens* estén entrambos en conocimiento de una de las relaciones internas, o directamente hagan a la misma expresa referencia en el momento de la *traditio,* ni tal referencia ni tal conocimiento asumen relieve alguno por lo que respecta a la justificación causal de la atribución, que se encuentra siempre, respecto a cada uno de ellos, en una relación a la que el otro es extraño. En efecto, si se mira a la relación de cobertura, el *tradens* se libera de su obligación hacia el acreedor porque, prestando a un sujeto que es destinatario del pago, realiza exactamente la prestación debida, independientemente, por tanto, de la conclusión de un acuerdo con el *accipiens* dirigido a elevar la actuación de la relación de cobertura a *iusta causa* de la atribución[6]: acuerdo que es inútil, si el *accipiens* es verdaderamente destinatario del pago, mientras que sería insuficiente si se tratase de un tercero no legitimado para recibir[7]. Análogamente, por lo que respecta a la

---

6 Exactamente, en efecto, el mismo NICOLÒ, *op. cit.,* pág. 141, afirma que «el solvens, cuando sea deudor del indicante y ejecutada la prestación a favor de un tercero designado para recibirla, actúa siempre una obligación propia. El, en efecto, no cumple a favor del *accipiens* en cuanto éste sea acreedor del indicante, sino simplemente en cuanto él es una persona autorizada para recibir el pago, o sea, un destinatario material de la prestación». Prescindiendo de la figura del cumplimiento de la obligación ajena (de la que se habla inmediatamente después en el texto), el reconocer que el *solvens* presta al *accipiens* simplemente porque éste es una persona autorizada para recibir constituye la mejor confirmación de la inutilidad de un acuerdo o de una referencia que dé razón de la actuación de la relación de cobertura: pero esto *en todo caso* y no simplemente cuando se trate de indicación activa, a la cual, con intención restrictiva, se refiere NICOLÒ. Justamente, por esto, BIGIAVI, *La delegazione,* cit. págs. 227-228, replica que el argumento anticipado por NICOLÒ prueba demasiado, porque vale en cualquier hipótesis de delegación (y, añadiría yo, en cualquier hipótesis de pago al tercero).

7 Para explicar cómo nunca se ha difundido el equívoco de considerar la actuación de la relación de cobertura como una consecuencia de un acuerdo entre *solvens* y *accipiens,* es preciso observar que este último, muy frecuentemente, recibe la *traditio* a base de un acuerdo causal con el *solvens,* acuerdo que él estipula como representante de otro sujeto extraño a la *traditio.* De esto deriva, como se verá más ampliamente a continuación, que fácilmente se reconduce

relación de valuta[8], la prestación del *tradens* puede ser o no idónea para realizar la actuación a medida de los acuerdos internos entre el *accipiens* y el acreedor del *tradens,* independientemente, por esto, de toda eventual referencia o acuerdo que acompañe a la ejecución de la *traditio:* debe excluirse, en efecto, que el *tradens,* extraño a la relación, pueda ejercitar alguna influencia sobre ésta con las propias declaraciones.

3. Una sola hipótesis se exceptúa de esta regla: aquella en la cual la relación de valuta esté constituida por una obligación y el *tradens* actúe para cumplir el crédito del *accipiens.* El legislador, en efecto, ha concedido a quienquiera el poder de actuar directamente una relación jurídica ajena, cuando se trate de una relación obligatoria. Pero, precisamente porque ha sido reconocido a cualquier tercero el poder de cumplir una obligación ajena, debe decirse que la atribución efectuada a favor del acreedor por un sujeto extraño a la relación es, en nuestro ordenamiento, una atribución dotada de una *propia* función causal y no una hipótesis de atribución indirecta[9]. De atribución indirecta, en tal

---

la actuación de la relación de cobertura al acuerdo, que, en cuanto estipulado por un representante, sirve, en cambio, para determinar sólo la *iusta causa* de la prestación en la relación interna entre el *tradens* y el representado: relación a la cual el representante, en el momento en que efectúa la *acceptio,* es totalmente extraño.

8 La tesis sostenida por NICOLÒ, *Il negozio delegatario,* Mesina, 1932, páginas 132 y sgts. (en el mismo sentido, cfr. GRECO, voz *Delegazione,* en *Nuovo Digesto Italiano,* IV, Turín, 1938, pág. 643), según la cual, en caso de delegación, la actuación de la relación de valuta constituiría la justificación causal de la prestación efectuada por el delegado al delegatario, se encuentra hoy en contradicción con la disciplina del nuevo código (artículo 1271), que oportunamente limita la relevancia de la relación de valuta (salvo el caso de la denominada «nulidad de la doble causa») al solo aspecto interno entre delegante y delegatario (acogiendo la figura de la delegación *pura*).

9 No parece compartible, por tanto, la tesis de que el cumplimiento de la obligación ajena constituya, en nuestro ordenamiento, «la única figura de negocio abstracto con eficacia real» (NICOLÒ, *L'adempimento dell'obbligo altrui,* cit. pág. 192, a la cual se adhiere PUGLIATTI, «La rappresentanza indiretta e la morte del rappresentante», en *Fodo padano,* 1953, III, c. 77). En efecto, si con esto se quiere referir a la causa en el sentido de elemento justificativo de un negocio dispositivo, el pago al tercero es ciertamente *acausal,* pero no por esto abstracto, en cuanto que la adquisición por parte del acreedor está siempre reconducida al

caso, se podría hablar sólo en un significado genérico, esto es, para indicar que su ejecución procede de las consecuencias *reflejas* incluso sobre una esfera patrimonial distinta de la de los sujetos entre los cuales la atribución viene realizada[10]. Pero este fenómeno, que tiene un alcance muy vasto, no se confunde con la atribución indirecta en sentido técnico, que media solamente cuando una prestación es ejecutada sin referencia causal alguna, de modo que la justificación de la adquisición y de la pérdida de las partes se busca en dos distintas relaciones, sin que, no obstante, la actuación de una o de otra sea elevada a causa directa de la atribución.

Si el pago de la obligación ajena no constituye una atribución indirecta, sino una prestación dotada de una propia justificación causal, de esto deriva que, cuando por efecto de la denominada adjudicación «simple»[11] o con eficacia meramente interna —esto

---

supuesto de hecho constitutivo de la obligación cumplida por el tercero, y no al pago por parte de este último. Si con esto se quiere referir, en cambio, a la causa en el sentido de función de un desplazamiento patrimonial, la causa del pago por parte del tercero está representada precisamente por la obligación que es cumplida, no diversamente de cuanto se dice respecto al pago por parte del deudor: esto es, el artículo 1180 eleva al papel de causa justificativa *directa* de la atribución la existencia de una relación que no media directamente entre el *solvens* y el *accipiens,* de modo que la atribución no tiene necesidad de apoyarse en elemento *externo* alguno (como sucede en el caso de la atribución indirecta).

10 En efecto, si el *solvens* no actúa *animo liberalitatis,* tendrá derecho de accionar contra el deudor, liberado de la obligación por efecto del cumplimiento, a base de los principios de la gestión de negocios ajenos o del enriquecimiento sin causa. En confirmación, sin embargo, del carácter meramente reflejo o secundario de tales consecuencias, considérese que, cuando falte una válida relación de valuta, en el caso de cumplimiento de la obligación ajena la *condictio indebiti* contra el *accipiens* corresponde en todo caso al *solvens* (véase mi «Adempimento del terzo e delegazione di pagamento», en *Temi,* 1958, pág. 587), mientras que, en los casos de atribución indirecta, corresponde al acreedor del *accipiens,* y esto porque al *tradens* le es totalmente indiferente la relación de valuta, adquiriendo relevancia, para él, sólo la validez de la relación interna de cobertura.

11 Sobre la admisibilidad y sobre el contenido de la obligación asumida con la denominada asunción simple, cfr. RESCIGNO, «Studi sull'accollo», Milán, 1958, págs. 31 y sgts., publicado anteriormente en *Banca, borsa e titoli di crédito,* 1957, I, págs. 325 y sgts.; íd., voz *Accollo,* en *Novissimo Digesto italiano,* I, 1, Turín,

es, a base de la cual el tercero no adquiere derecho alguno *propio* contra el promitente— venga asumida la obligación de cumplir una deuda del estipulante hacia el tercero, no puede decirse ni que el tercero sea «destinatario» del pago de la obligación asumida por el promitente, ni que el *solvens,* ejecutando la prestación debida, efectúe un pago al tercero. Esta figura, en efecto, media solamente cuando se trate de *obligatio tradenti:* si, en cambio, el deudor se obliga a efectuar una prestación más compleja, esto es, un acto que constituya de por sí suficiente justificación de la adquisición del *accipiens,* el tercero ya no es un simple destinatario del pago. Y, en efecto, el adjudicante no está obligado simplemente a entregar al adjudicatario el bien debido, sino a efectuar tal entrega manifestando su intención dirigida a determinar la realización del crédito del *accipiens* hacia lo adjudicado, crédito en el cual se encuentra una justificación causal de la *traditio* eficaz

---

1957, pág. 142; CICALA, voz *Acollo,* en *Enciclopedia del Diritto,* I, Milán, 1958, pág. 284. La doctrina parece concorde en configurar la asunción como un negocio jurídico autónomo. Aplicando, no obstante, cuanto ya ha sido muy exactamente resaltado a propósito de la cesión del crédito (cfr. MINERVINI, *Lo sconto bancario,* Nápoles, 1949, pág. 28; CARRARO, recensión a PANUCCIO, «La cessione volontaria dei crediti», en *Riv. dir. civ.,* 1957, I, pág. 118), figura respecto a la cual subsiste el mismo equívoco, en mi opinión parece más preciso afirmar que la disciplina normativa de la asunción no está destinada a regular un negocio típico, sino a atribuir una consideración unitaria a una pluralidad de esquemas negociales, idóneos todos para determinar el *efecto jurídico* de la asunción de una deuda ajena. Y así, lejos de constituir un autónomo tipo negocial, la asunción puede en concreto asumir la configuración de una donación (asunción de la deuda ajena *animo liberalitatis*), de un contrato de cambio innominado (asunción de la deuda como correspondencia de una contraprestación), de un contrato de mandato (asunción de la deuda con obligación a cargo del mandante de «suministrar al mandatario los medios necesarios para la ejecución del mandato», art. 1719). Puesto que análogas observaciones se pueden repetir respecto a la figura del contrato a favor de terceros (cfr. GORLA, «Contratto a favore di terzi e nudo patto», en *Riv. dir. civ.,* 1959, I, pág. 587), aparece clara la razón por la que el legislador parece configurar negocios jurídicos autónomos en relación a esquemas negociales variables: se trata siempre de figuras idóneas para realizar un efecto en la esfera jurídica de un sujeto extraño al negocio, de modo que por lo que se refiere a esta influencia que el acto puede ejercitar frente a un tercero, es explica la necesidad de unificar el tratamiento de los varios tipos negociales de los cuales aquel efecto puede derivar.

directamente *inter partes,* sin necesidad de sostén alguno en una relación de cobertura.

4. Sentado que de pago al tercero puede hablarse solamente cuando se trate del cumplimiento de una *obligatio tradenti* que el deudor está obligado a ejecutar en manos de un sujeto distinto del acreedor, es preciso preguntarse cuáles son y cómo se explican las hipótesis en las que el legislador admite esta escisión, descrita en los precedentes párrafos, entre *causa dandi* y *causa accipiendi* de la *traditio.* Para el desenvolvimiento de este estudio es esencial no confundir las dos relaciones internas que son **base** de la atribución patrimonial del *tradens* al *accipiens,* con la relación que se instaura entre estos *sujetos:* es necesario, además, para darse cuenta plenamente del fenómeno, poner de relieve que *entre deudor y tercero no existe ni se constituye,* en el momento del pago, *relación alguna,* dado que dichos sujetos se limitan, respectivamente, ofreciendo y recibiendo el bien objeto de la *traditio,* al desarrollo de *una actividad* que no encuentra su justificación en una relación mediante entre ellos[12].

Desgraciadamente, sin embargo, es frecuente en jurisprudencia, y no insólito en doctrina, una peligrosa terminología, que describe los casos de pago al tercero recurriendo al concepto de *mandato:* se dice muy frecuentemente que el deudor, cuando efectúa la *traditio* al tercero, paga a un mandatario del *acreedor, o,* viceversa, actúa como *mandatario* de este último. Sin embargo, el mandato es un contrato que da vida a una relación relevante sólo entre los contrayentes: el afirmar, por tanto, que el *solvens* efectúa la *traditio* por mandato del acreedor o que, por mandato de este

---

12 Por tanto, *solvens* y *accipiens* están en contacto sólo en ocasión del cumplimiento de un acto *real,* sin que se constituya entre ellos ninguna relación *jurídica* directa (es, por esto, oportuno no hablar ni siquiera, como muchas veces se hace, de una relación *real,* en contraposición al caso en que *solvens* y *accipiens* constituyen, antes de la *traditio,* una relación *obligatoria,* instrumental respecto a esta última). El afirmar que entre *solvens* y *accipiens* no se constituye ninguna relación no equivale a admitir que la prestación sea repetible entre las partes (en este sentido, PELLIZZI, *Contributo all'assegno bancario,* ed. provisional, Padua, 1955, págs. 30 y siguientes): al contrario, ya se ha notado (cfr. pág. 40, nota 2) cómo la causalidad de la *traditio* exige una justificación funcional, pero no estructural: no está, por tanto, necesariamente buscada en un acuerdo sobre la *iusta causa traditionis.*

último, el *accipiens* la recibe, explica la naturaleza de las relaciones básicas, pero no ofrece elemento alguno para la valoración del fenómeno del pago al tercero.

Esta terminología, si bien equívoca, en cuanto oscila en el considerar mandatario de un sujeto extraño a la atribución ora una, ora otra de las partes entre las que se efectúa la prestación, contiene, sin embargo, en germen la explicación de la figura o, más exactamente, *de las* figuras del pago al tercero. Haciendo retroceder, en efecto, el concepto de mandato a su papel puramente interno, se puede dar, sintéticamente, la siguiente descripción de las dos hipótesis de pago a un sujeto distinto del acreedor: A veces el deudor está obligado a efectuar la prestación en

las manos de un tercero en cuanto éste es un instrumento del acreedor, de modo que el deudor *paga al acreedor por medio del tercero;* otras veces el deudor está obligado a efectuar la prestación en las manos del tercero en cuanto es él mismo un instrumento del acreedor, de modo que el deudor *paga al tercero por cuenta del acreedor*[13].

De tal modo queda expuesta, sintéticamente, la justificación de las dos hipótesis en las que destinatario del pago es un tercero. En el primer capítulo ya se ha precisado que el deudor puede estar obligado no sólo a ejecutar la prestación al acreedor, sino a ejecutarla también o a un sujeto legitimado para recibir por el acreedor, o a un sujeto que constituye el directo punto de referencia para la determinación de la prestación; ahora bien, en el primer caso, en el que destinatario del pago es el tercero, la obligación del deudor de pagar a un sujeto distinto del acreedor deriva de particulares presupuestos que atribuyen al tercero la función de instrumento del acreedor, puede decirse de legitimado para recibir en su sustitución; en el otro caso, la ejecución de la prestación en las manos del tercero es deducida directamen-

13 Está claro cómo estas proposiciones están invertidas si se mira a la relación de valuta, respecto a la cual puede decirse: a veces el tercero es destinatario del pago en cuanto el deudor actúa como instrumento del acreedor, de modo que el *accipiens* recibe el pago por el acreedor (del *tradens*) por medio del *solvens;* otras veces, el tercero es destinatario del pago en cuanto es él mismo instrumento del acreedor, de modo que recibe por el *solvens* por cuenta del acreedor.

te a contenido de la obligación que el deudor asume frente al acreedor: esto es, el deudor acepta constituirse en instrumento del acreedor para efectuar, por cuenta de éste, una atribución al tercero.

La explicación del fenómeno, delineada así en sus líneas compendiosas, puede dejar perplejos, por un lado, en cuanto parece volver a apuntar la contraposición, anteriormente criticada, entre la atribución que tiene como función actuar la relación de cobertura y la atribución dirigida a actuar la relación de valuta; por otro, en cuanto no parece precisado el criterio a base del cual las dos hipótesis descritas se diferencian. La superación de tal perplejidad se perseguirá en el análisis separado, al que es necesario aprestarse, de las dos hipótesis de pago al tercero.

Sección II
El pago al sujeto legitimado para recibir en sustitución del acreedor (art. 1188)

SUMARIO: 5. *a)* El "representante" del acreedor. Necesidad de una concorde referencia del *tradens* y del *accipiens* al presupuesto de legitimación para recibir.— 6. Precisiones sobre el concepto de representación: significado del actuar "en nombre ajeno".— 7. La representación para recibir el pago no es representación en sentido técnico.— 8. Conclusión: el denominado representante para recibir como "instrumento" del acreedor.— 9. *b)* La persona "autorizada por la ley o por el juez para recibir".— 10. *c)* La persona "indicada por el acreedor". No reconducibilidad de esta figura a la delegación.— 11. Indicación de pago y poder para el cobro: crítica del criterio diferenciador fundado en la "toma del nombre".— Conclusión: la persona indicada por el acreedor es un representante voluntario para recibir.— 13. La figura del *adiectus solutionis causa* y su identificación con el representante voluntario para recibir.—14. Consideraciones finales sobre la justificación de la eficacia liberatoria del pago al legitimado para recibir.

5. *a)* El artículo 1188 impone al deudor la obligación de ejecutar la prestación en manos de determinados sujetos, «legitimados para recibir» en sustitución del acreedor. Esta obligación se justifica en cuanto —o a base de la función para la que el tercero es nombrado o a base de la voluntad del titular del derecho— la adquisición por parte del *accipiens* es considerada por el legislador equivalente a la adquisición por parte del mismo acreedor.

Dejando por el momento los casos en los que el presupuesto de legitimación, de donde deriva el deber del deudor de efectuar la prestación al tercero, no tenga fuente negocial (representación legal, autorización del juez o de la ley), es oportuno detenerse sobre el caso más importante y que más fácilmente puede dar lugar a confusión con la hipótesis en que el tercero constituye directo punto de referencia para la individualización del contenido de la prestación debida: me refiero al caso en que el presupuesto de legitimación deriva del nombramiento de un representante voluntario. Ciertamente, el artículo 1188 contempla dos figuras de legitimación para recibir a base de declaración negocial del acreedor, mencionando, junto al representante, «la persona indicada por el acreedor», que es también designada, frecuentemente, como el sujeto *autorizado* (por el acreedor) para recibir: parece oportuno, sin embargo, limitar por ahora el estudio sólo al representante, sin, naturalmente, atribuir relieve alguno al hecho de que la representación derive de un poder general o especial, anterior, sucesivo o hasta contemporáneo al nacimiento del crédito que el representante está legitimado para recibir.

El artículo 1188 establece, como ya se ha subrayado, que el deudor *está obligado,* frente al acreedor, a ejecutar la prestación al representante («el pago *debe* ser hecho al acreedor *o a su representante»):* esto es, sanciona el principio, de cuya utilidad nadie osaría dudar, de que el acreedor no está constreñido a recibir personalmente la prestación, sino que es libre de valerse a tal fin de procuradores para el cobro. Está claro, no obstante, que la legitimación del representante para recibir es entendida en el sentido de que éste puede, *en cuanto representante,* recibir el pago por parte del deudor. De esto deriva que parece indispensable, para que la *traditio* efectuada a un apoderado sea considerada cumplimiento de la obligación hacia el representado, que *tradens* y *accipiens* concuerden sobre el punto de que este último recibe sólo porque se reviste de una cualidad que lo habilita para actuar en sustitución del acreedor. Si la *traditio* no fuese efectuada con esta concorde referencia de las partes al presupuesto de legitimación del tercero para recibir, la prestación no sería idónea para desenvolver función alguna en la relación de valuta, y en consecuencia, tampoco en la relación de cobertura, dado que precisamente la relación de valuta es la finalidad que justifica como un pago al tercero puede estar deducido en obligación. De esto deriva que el deudor no está simplemente obligado, frente al acreedor, a ejecutar la prestación al representante de éste, sino que está obligado a ejecutarla de modo que sea idónea para actuar la relación de valuta. La necesidad, por tanto, de que el deudor y el tercero concuerden sobre esta calidad que habilita al *accipiens* para recibir en sustitución del acreedor depende del hecho de que sólo en tal modo el *tradens* realiza exactamente la prestación debida: esto es, aquella referencia está prevista en el contenido mismo de la obligación, a su necesaria especificación.

Una referencia semejante, sin embargo, no se confunde totalmente con un acuerdo sobre la *iusta causa traditionis,* esto es, un acuerdo que constituya directamente la razón justificativa de la actuación de la relación entre el *solvens* y el representado: el apoderado, en efecto, no está ni siquiera obligado a saber que la relación de cobertura es una obligación, y cuando lo sepa, su conocimiento y hasta una eventual explícita referencia a la misma sería totalmente irrelevante, desde el momento en que la relación de cobertura depende, no de un acuerdo entre *solvens* y *accipiens,* sino exclusivamente del hecho objetivo de la acaecida realización de la prestación debida[14].

La concorde referencia a la calidad que legitima la *acceptio* por parte del apoderado, muy lejos de constituir un contrato justificativo de la atribución, se agota, por esto, en un elemento de especificación de la misma actividad establecida, de modo que no reviste ni siquiera categoría negocial. La necesidad de tal concorde referencia a la calidad con la que el apoderado efectúa actos jurídicos por cuenta ajena, por lo demás, es bien conocida de la doctrina[15], la cual afirma que el actuar del representante produce efectos en la esfera del *dominus* únicamente si el apoderado actúa «en nombre ajeno»: en nuestro caso, por tanto, el pago al representante puede valer como pago al acreedor sólo en cuanto la *acceptio* acontezca *en nombre* del representado, puede decirse en cuanto *solvens* y apoderado hayan hecho concorde referen-

14 La confusión entre la concorde referencia al presupuesto que legitima al *accipiens* para recibir en lugar del acreedor y el acuerdo sobre la *iusta causa traditionis* depende (como ya se ha notado, *retro,* pág. 43, nota 7) del hecho de que muy frecuentemente el *accipiens* es al mismo tiempo el sujeto que estipula, en representación del acreedor, el acuerdo causal que da lugar a la relación de cobertura. Pero las funciones de representación en la estipulación del negocio y de instrumento para la *acceptio* de la prestación deben ser mantenidas distantes.

15 Cfr. Betti, *Teoria generale del negocio giuridico,* 2.ª ed., Turín, 1955, página 573 (hay traducción española de Ed. *Rvta. D. Pvdo.* Madrid, ...): «Esencial a la representación es que quien actúe por cuenta ajena se presente a la contraparte o al destinatario como alguien que impone reglas a intereses no suyos, sino de otra persona determinada.»

cia a la *vestidura* jurídica a base de la cual este último recibe la prestación.

6. ¿Qué significa, sin embargo, que la *acceptio* por parte del representante debe advenir *en nombre ajeno?* Frecuentemente, el actual *contemplado álterius* es entendido en el sentido de que el agente, al efectuar el acto, *toma el nombre*[16] del representado, o sea, indica otro sujeto como destinatario de los efectos del acto *celebrado.* Sin embargo, me parece que de tal modo no se precisa exhaustivamente qué cosa sea menester para integrar la denominada «toma del nombre ajeno». En efecto, si la expresión es entendida solamente en el sentido de una indicación, por parte del agente, de una esfera jurídica ajena como punto de referencia de los efectos del acto *celebrado,* la toma del nombre ajeno *tiene lugar* no solamente en el caso de representación, sino en toda una categoría de fenómenos (baste pensar en el ejercicio en vía subrogatoria de los derechos del propio deudor; en la administración de determinados patrimonios, como una herencia o una quiebra; en la gestión de negocios ajenos; en el pago al tercero; en el contrato a favor de tercero y otros semejantes), en los cuales la eficacia del acto está ligada a una explícita referencia, por parte de su autor, a un distinto destinatario sobre el que deben recaer sus efectos[17]. Y si es verdad que el actuar en representación comporta un desfasamiento entre el sujeto del acto y el sujeto que en el acto mismo viene indicado como destinatario de sus efectos, no se pueda sin más volver la proposición y afirmar que, cada vez que se encuentre tal desfasamiento, el acto es celebrado «en nombre ajeno» y, por tanto, por un representante.

---

16 Denuncia la equivocidad SACCO, *Il potere di procedere in via surrogatoria,* Turín, 1955, pág. 245, que señala cinco significados.

17 Respecto a observaciones análogas, cfr. DOELLE, «Neutrales Handeln im Privatrecht», en *Festschrift Schulz,* Weimar, 1951, págs. 268 y sgts., el cual procura, no obstante, distinguir el actuar en nombre propio del actuar en nombre ajeno mediante una referencia a la esfera de imputación de los efectos del acto, que deja perplejo: es notorio, en efecto, cómo debe evitarse toda confusión entre el *modo* del actuar y los *efectos* del acto, entre la *contemplatio* y sus consecuencias (eventuales) en relación con el representado (NICOLÒ, «Dell'azione surrogatoria», cit., en *Commentario del codice civile,* al cuidado de SCIALOJA y BRANCA, *Tutela dei diritti,* arts. 2900-2969, página 36; CARIOTA FERRARA, *Il negozio giuridico,* cit., pág. 681).

Por lo demás, la imposibilidad de tomar el significado del actuar representativo, haciendo solamente hincapié en la indicación, por parte del agente, de otro sujeto como destinatario de los efectos del acto celebrado, se manifiesta también considerando cómo la *contemplatio domini* (indispensable para que haya representación) constituye una simple *modalidad,* arbitraria y accidental, con la que un acto *puede* ser ejecutado, mientras que la indicación del sujeto destinatario de los efectos constituye un momento *esencial* para la misma individualización del acto celebrado. En efecto, todo acto se individualiza no solamente a través de una determinación *objetiva,* esto es, que tenga referencia al *contenido* del efecto perseguido, sino también á través de üííá determinación *subjetiva,* esto es, que tenga referencia al *destinatario* de tal efecto. Normalmente, este segundo aspecto de la determinación de la intención del agente no asume relevancia porque, a falta de una declaración contraria, una *praesumptio hominis* hace entender que el autor del acto quiere para sí sus efectos: pero esto no elimina la necesidad de que la individualización del acto esté completa también bajo el aspecto subjetivo. De esto deriva que la *contemplatio domini* no debe ser confundida con los elementos esenciales de la estructura del acto. La *contemplatio,* en efecto, tiene un carácter meramente eventual y requiere la *previa* individualización del acto: antes, en orden lógico, es menester proceder a tal individualización (para completar la cual es indispensable precisar también el sujeto sobre el cual se quieren aplicar los efectos del acto); sólo después es posible precisar si la conclusión del acto tiene lugar *contemplatio domini,* esto es, en el ejercicio de un poder representativo.

La razón de la confusión entre los dos elementos —el que concierne a la misma determinación del acto y el, eventual, que constituye manifestación del poder representativo— está *fundada* en el hecho de que, frecuentemente, el representante tiene la posibilidad de elegir entre efectuar el acto por sí o por el *dominus,* de modo que en esta elección, que se ejercita declarando la esfera de incidencia subjetiva del acto, parece agotarse el ejercicio del poder representativo. Pero si se piensa que respecto a muchos actos está ya predeterminado el destinatario de los efectos (así, p. ej., la aceptación de una herencia), bien se entiende cómo el actuar *en nombre* adquiere un significado muy diverso: en tales casos, como el agente no es libre de indicar el destinatario de los efectos (salvo efectuar un acto completamente diferente: no se puede aceptar a favor de Sempronio la herencia deferida a Ticio), es posible admitir una contraposición entre actividad celebrada *contemplatio domini* y una actividad efectuada no en representación, sólo en cuanto se haga depender el actuar en representación de un elemento ulterior respecto a la simple discordancia entre el sujeto del acto y el sujeto indicado en el acto mismo como destinatario de sus efectos. De otra manera, la necesaria referencia a la esfera jurídica ajena, ínsita en la misma conclusión del acto, excluiría toda posibilidad de considerar el acto como celebrado por un sujeto que no sea un representante de la persona sobre la que están destinados a recaer los efectos del acto[18].

Cuanto precede permite concluir que no hay actividad representativa sino cuando la celebración del acto está acompañada por un ulterior elemento, que caracteriza el fenómeno representativo respecto a los otros casos en los que un acto está destinado a incidir en la esfera jurídica de sujetos distintos del agente. Este ulterior elemento emerge claramente considerando la misma expresión empleada para definir el fenómeno: re-*presentar, o* sea, *hacer presente* en el acto que se concluye a un sujeto ausente. La representación, por tanto, se caracteriza en el sentido de que la imputación de los efectos del acto a un sujeto extraño al acto mismo deriva de una declaración por medio de la cual el agente, con tal que medien, bien entendido, los presupuestos del

---

18 En efecto, HUPKA, *Die Vollmacht*, 1900, pág. 4, n. 1, entiende que los actos de ejercicio de un determinado derecho ajeno pueden ser efectuados solamente *en nombre* del titular y, esto es, en *representación* (directa) del interesado. Pero ¿cómo distinguir entonces del acto efectuado por un representante, el acto celebrado (siempre con referencia a la esfera del *dominus*) por quien no es representante? Perspicazmente observa (si bien generalizando el significado de la toma del nombre ajeno) NICOLÒ, *Dell'azione surrogatoria,* cit., pág. 34: «A mí no me parece que se puedan seriamente distinguir, bajo este aspecto, las hipótesis de representación de las de sustitución, porque como el representante actúa *nomine alieno,* esto es, tomando el nombre del *dominus*, así también el sustituto actúa normalmente *nomine alieno,* sin que en la manifestación extrínseca del actuar del uno y del otro se revele una diferencia sustancial, capaz de constituir una verdadera y propia *diferencia específica,* valedera para todas las hipótesis.»

denominado *poder* de representación, hace jurídicamente *presente* en el acto al sujeto al que están destinados los efectos, y viene, por tanto, a concluir el acto mismo como *alter ego* del *dominus.*

Se aclara así el significado de la *contemplatio domini:* se trata dé la declaración mediante la cual el agente hace notorio a los terceros, desde el punto de vista jurídico, que el acto no es celebrado por la persona que concretamente lo concluye, sino por otro sujeto, hecho presente en el acto por efecto de la *contemplatio*[19]. La imputación al *dominus* de los efectos del acto celebrado por su representante es, por esto, una consecuencia, y no la explicación del fenómeno: la causa del desfasamiento entre autor del acto y destinatario de los efectos hay que buscarla, en cambio, en la intención del agente de atribuir al *dominus* la misma conclusión del acto, intención relevante para el Derecho cuando concurran las condiciones a las que está subordinada la adquisición del poder de representación.

Sin embargo, aún no es suficiente que el representante declare genéricamente que autor del acto debe ser considerado el representado: Es necesario, además, que haga notorio a los terceros a base de qué vestidura jurídica concluye el acto «en nombre» del *dominus*[20]; debe *exteriorizar* la fuente de su poder representativo, como está demostrado por el principio según el cual los terceros están autorizados a pretender del representante la justificación de sus poderes (art. 1393). De esto deriva que la representación

---

19 NICOLÒ, *Dell'azione surrogatoria,* cit., pág. 35: «¿En qué cosa se agota el actuar *nomine alieno* del representante, tanto legal como voluntario, si no en la manifestación exterior de la cualidad de representante de una determinada persona, cualidad que precisamente le legitima para celebrar actos inmediatamente eficaces para el *dominus*?»

20 NICOLÒ, *Dell'azione surrogatoria,* cit., pág. 35: «Toda vez que el legitimado no titular es jurídicamente extraño (es decir, no es un extitular o un cotitular) a la situación sobre la cual interfiere su actividad, la especificación, más o menos explícita, de la cualidad en que actúa es condición lógicamente necesaria para la relevancia de su actuar frente al titular.» Por tanto, «no es concebible un actuar del sustituto, con efecto para el titular, que no suponga la especificación, exteriormente manifestada, de la *cualidad* del agente, o sea, de la fuente de la cual deriva su legitimación para celebrar actos jurídicos cuyos efectos se producen directamente en el patrimonio del titular». Así también GIAMPICOLO, voz *Azione surrogatoria,* en *Enciclopedia del diritto,* IV, Milán, 1959, pág. 957.

se distingue, de los demás otros casos de legitimación secundaria para la conclusión de un acto que incide sobre una esfera subjetiva ajena, únicamente por la distinta fuente de legitimación[21]. Representante, por tanto, es aquel que, al concluir un acto jurídico indicando un tercero como destinatario de los efectos, declara concluir el acto como *alter ego* del *dominus* sobre la base de un específico poder de sustitución (y sin tal exteriorización, al menos implícita, el acto no es concluido en representación, ni siquiera si efectivamente subsiste un poder de representación)[22].

7. Si las conclusiones del parágrafo precedente son exactas, no deberían subsistir dudas sobre la inaplicabilidad del concepto técnico de representación a las actividades no declarativas[23]. Respecto a estas últimas es admisible hablar de una actividad desenvuelta «por cuenta», pero no «en nombre» ajeno: la primera fórmula expresa la relevancia interna del acto frente al *dominus* y abarca, por esto, todo el campo en que puede manitestarse una actividad jurídica, mientras que la segunda envuelve una relevancia *externa,* frente a los terceros, del acto representativo, y está limitada por esto a los actos de carácter declarativo. Sólo la primera fórmula, en consecuencia, es invocable cuando, tratándose de comportamientos que sean tomados en consideración

---

21 De tal modo se podría quizá también simplificar la añeja disputa acerca de las diferencias entre los conceptos de sustitución y representación, subrayando sólo el concepto genérico de legitimación para el cumplimiento de actos destinados a incidir sobre la esfera jurídica ajena, en cuyo ámbito se especifican después las distintas figuras sobre la base de la diversidad de las fuentes de legitimación, que deben ser requeridas por el agente para que su actividad pueda reflejarse sobre la esfera del *dominus.*

22 NICOLÒ, *Sull'azion surrogatoria*, cit., pág. 37: «Respecto a los terceros, la fallida exteriorización de la cualidad que constituye la fuente de la legitimación equivale a defecto de legitimación.»

23 Cfr. MIRABELLI, «Dei contratti in generale», en *Commentario del codice civile,* Turín, 1958, pág. 279: «Respecto a los actos no negociales que consisten en comportamientos, no solamente no hay posibilidad de manifestación de la alienidad de la posición jurídica, sino que falta también la eventual relevancia de una tal manifestación. El acto se agota, en efecto, en la material modificación de la situación preexistente, y el efecto jurídico se dará por la sola circunstancia de que la modificación ha acontecido del modo previsto por la ley.» Exactamente, por esto, MIRABELLI concluye tratarse, en estos casos, no de representación, sino de mera sustitución o gestión sustitutiva.

para las modificaciones de la realidad natural que determinan, no se plantee problema alguno de imputación de los *efectos jurídicos* que derivan del acto (distinto problema, en cambio, el de la imputación de los efectos derivantes de aquella modificación, en sí considerada). Respecto a los comportamientos no declarativos, por tanto, es admisible una genérica sustitución en la conclusión de un acto, pero no tendría sentido una extensión del principio de la equivalencia entre la actividad del representante y la del *dominus,* principio que encuentra aplicación sólo frente a actos idóneos para determinar directamente una modificación de la situación jurídica preexistentes. Así, en el caso que aquí nos interesa, si la actividad con que el *accipiens* recibe la *traditio* conduce a la mutación de la situación de hecho constituida por la indisponibilidad material de la cosa, ¿qué sentido tendría decir que la actividad del representante es considerada jurídicamente equivalente a la actividad del representado?[24].

La extensión del concepto técnico de representación a la *acceptio* podría quizá sostenerse a condición de afirmar que el *accipiens,* cuando recibe la *traditio* en calidad de representante, no adquiere un poder de hecho *autónomo* sobre la cosa, sino siempre un poder de hecho dependiente de aquél del representante, al cual habría, por tanto, procurado, mediante la actividad desarrollada en nombre suyo, la adquisición de una situación posesoria sobre el bien[25]. Sin embargo, se debe, sobre todo, subrayar que el representante (piénsese en un *procurator in rem suam)* puede perfectísimamente adquirir, mediante la *acceptio,* un poder de hecho autónomo; además, aun cuando también adquiera una situación posesoria dependiente de la del representado, esto no se verifica por el hecho de haber actuado en nombre del *dominus,* sino porque la relación de valuta, en la cual se encuentra el título justificativo de la adquisición por parte del *accipiens,* puede limitar el contenido de tal adquisición a una situación posesoria no autónoma.

Por lo demás, en confirmación de la inaplicabilidad del concepto técnico de representación a la *acceptio,* considérese que, en

---

24 Así también MIRABELLI, *L'atto non negoziale,* cit. pág. 235.

25 Tal parece ser la posición de DALMARTELLO, *La consegna della cosa,* cit. págs. 133 y sgts.

el caso en que un *falsas procurator* concluye un acto en nombre ajeno, el acto está privado de efectos, mientras que si un *falsus procurator* recibe la *traditio* de un bien, el defecto del poder de representación no le impide adquirir igualmente el poder de hecho sobre la cosa.

8. Pero ahora, fijada la inaplicabilidad del concepto técnico de representación a la actividad con que el *accipiens* recibe un bien *en nombre ajeno,* ¿qué significado adquiere la exigencia –afirmada siempre por la doctrina y repetida hace poco en este mismo trabajo– de que el denominado representante[26] reciba y el *solvens* ejecute el pago a base de una concorde referencia a la calidad que legitima al apoderado para recibir? Esto es, ¿qué significa que este último, para la validez del pago ejecutado en sus manos, deba actuar «en nombre» del *dominus* (también si ignora que el *dominus* es acreedor del *tradens)?* La fórmula asume, evidentemente, un significado distinto al que se aproxima la terminología corriente, cuando, como ya se ha notado, equipara, si bien impropiamente, la actividad del *accipiens* a la de un *mandatario* del acreedor.

Esto es, debe afirmarse que, confiriendo a un tercero el poder de recibir en nombre del representado, el acreedor ofrece al deudor un instrumento en cuyas manos efectuar la *solatia* con los mismos efectos que se verificarían, respecto a la *relación de cobertura,* si la prestación fuese efectuada directamente al acreedor. Por tanto, a diferencia de cuanto sucede en el caso de verdadera representación en el campo negocial, el apoderado para el cobro no desenvuelve una actividad equivalente a la del *dominus,* ya que la *acceptio* por parte del representante determina una situación totalmente diferente respecto a la que se determinaría si la prestación hubiese sido recibida por el acreedor: sin embargo, en la relación *interna* entre *dominus* y *tradens,* la adquisición por parte del representante produce los mismos *efectos jurídicos* que se derivarían de la adquisición concluida por el acreedor.

---

26 Aclarada la impropiedad con que se habla de representación cuando aquí se refiere a actividades no declarativas, es superfluo subrayar la comodidad de la expresión, que, por tanto, continuará siendo empleada también aquí.

Sólo teniendo presente que la actividad del apoderado *no es* equivalente a la del representado, se nos puede explicar cómo nunca la *acceptio* por parte del representante sea contemporáneamente idónea para actuar también la relación de valuta, esto es, una relación interna entre *dominus* y apoderado: Tal relación consistirá, frecuentemente, en una obligación instrumental constituida precisamente al objeto de ofrecer la justificación interna, entre acreedor y *accipiens,* de la adquisición que este último efectúa recibiendo el bien del deudor (mandato), pero a veces consistirá en relaciones de naturaleza distinta[27], precisamente para cuya actuación es concedido al tercero el poder representativo. En todo caso, sin embargo, la función que la *traditio* está destinada a desarrollar en la relación de valuta es para el *tradens* jurídicamente indiferente y normalmente desconocida.

Para concluir, el apoderado para el cobro cumple una función *loto sensu* representativa, simplemente en cuanto constituye un instrumento del acreedor para recibir la prestación, de modo que, ejecutando la *traditio* al representante, *el deudor paga al acreedor por medio del tercero.*

9. *b)* Las observaciones hechas allanan el camino para entender todas las demás figuras de legitimación para recibir en sustitución del acreedor. Los casos que el artículo 1188 reconduce bajo el concepto de «autorización de la ley o del Juez para recibir», en efecto, constituyen hipótesis en las que la atribución al tercero de una calidad que le habilita para celebrar la *acceptio* del bien debido, en cuanto instrumento del acreedor, encuentra su fuente, además de en una disposición negocial, en una función que legitima al tercero para sustituir al acreedor o en el ámbito de una genérica esfera de actividad jurídicamente relevante [representación legal, tutela, curatela concursal, etc.: denominadas autorización concedida «por la ley»[28]] o en la específica celebra-

---

27 No importa si anteriores al conferimiento del poder o surgidos contemporáneamente a tal conferimiento, como en el caso de poder entregado con ocasión de la estipulación de un contrato de mutuo, donación, venta, etcétera.

28 Superfluo subrayar la impropiedad de tal expresión, contra la cual, a la relevancia general de la inexactitud de considerar la ley fuente de efectos jurídicos (los cuales constituyen, en cambio, el contenido de la norma: cfr. ALLARA, *Le*

ción de la *acceptio* de aquel pago (denominada autorización concedida «por el juez»). Se comprende que también en estos casos, en aplicación de las reglas generales comentadas a propósito del apoderamiento voluntario, la liberación del deudor que efectúa el pago en manos de la persona «autorizada por la ley o por el juez para recibirlo» esté condicionada a un acuerdo acerca de la *vestidura jurídica* que habilita al *accipiens* para actuar en sustitución del acreedor.

10. *c)* Pasando a considerar el último sujeto mencionado por el artículo 1188, el estudio se hace más delicado: se trata de la «persona indicada por el acreedor», que la doctrina designa frecuentemente también como «autorizada» (por él acreedor) para recibir[29]. Antes de la entrada en vigor del nuevo Código se había autorizadamente sostenido la tesis según la cual no existía diferencia entre las figuras de la indicación (activa de pago: la

---

fattispecie estintive del rapport obbligatorio, cit. páginas 39 y sgts.), se añade la relevancia específica que algunas de las figuras recomprendidas en la denominada autorización concedida «por la ley», contrapuesta a la concedida «por el juez», consisten en situaciones que surgen precisamente por un proveimiento judicial (ejemplo típico, el de la curatela concursal).

29 En la doctrina alemana se discute acerca de la admisibilidad de la autorización para el cobro, como figura distinta de la cesión fiduciaria para el cobro y del poder para cobrar. Sobre el problema, véanse, con diferentes posiciones, ENNCCERUS-LEHMANN, *Recht der Schuldverhältnisse,* 15.ª ed., Tubinga, 1958, pág. 256 (§ 61, I, 2) y pág. 321 (§ 79, IV, 2) (hay traducción española de la 35.ª edición alemana por Blas PÉREZ GONZÁLEZ y José ALGUER MICÓ, revisada, Barcelona, 1950); STAUDINGER, *Kommentar zum BGB,* Allgemeiner Teil, 11.ª ed., Berlín, 1957, *Vorvem.* zu § 164, página 962 (XIII, 3, d); HIRSCH, *Die Uebertragung de Rechtsausübung,* Berlín, 1910, págs. 96 y sigts.; LOEBL, «Geltendmachung fremder Forderungsrechte im eigenen Numen», en *Arch. f. d. civ. Pr.,* 1928, págs. 257 y 1929, págs. 1 y siguientes; KOEMLER, *Findet die Lehre von der Einziehungsermächtigung im geltenden bürgerlichen Recht eine Grundlage?,* Diss. Maynz, 1953. Es de notar que la doctrina prevalente, favorable a la admisibilidad de la figura de la autorización para recibir la prestación en nombre propio con efecto vinculante para el deudor, no se preocupa después de coordinar esta afirmación con el § 788 que sanciona la libertad del deudor de ejecutar la *Anweisung* proveniente del acreedor, y eso aunque la *Anweisung* (correspondiente a nuestra delegación) sea reconstruida precisamente como una autorización (o doble autorización) para pagar.

que ahora interesa) y de la delegación[30]. Efectivamente, el término *indicación* es ambiguo y no sirve para identificar una figura jurídica autónoma. Sin embargo, dejando la incierta terminología empleada por la doctrina y la jurisprudencia y tomando en consideración sólo el uso legislativo de la expresión, no puede aceptarse la idea de que, en nuestro ordenamiento, la indicación coincida con la delegación.

La diferencia entre las dos figuras, en efecto, emerge de modo evidente de la contraposición[31] entre el artículo 1188, párrafo 1.°, del que resulta que el deudor *debe* prestar también a la persona indicada por el acreedor[32], y el artículo 1269, párrafo 2.°,

---

30 Cfr. Bigiavi, *La delegazione*, cit., pág. 77. Es de notar que también Betti (últimamente en *Teoria generale delle obbligazioni*, III, 2, Milán, 1955, páginas 73 y sgts., 99 y sgts.) identifica con la indicación de pago la figura prevista por el artículo 1269 bajo la denominación de delegación de pago. Sin embargo, mientras Bigiavi parte de la afirmación —unánime en Alemania y actualmente aceptada también en Italia— de una identidad estructural entre *delegatio solvendi* y *promittendi*, Betti entiende, en cambio, que de delegación se debe hablar sólo respecto a la delegación para prometer y nunca para la de pago.

31 No nos da datos Santini, *Il bancogiro*, Bolonia, 1948, págs. 145 y siguientes, el cual se adhiere, bajo el nuevo código, a la tesis de Bigiavi, sobre la completa identidad entre indicación y delegación.

32 Ha venido así a caer el criterio a base del cual, en la doctrina menos reciente, se entendía poder caracterizar la figura de la indicación activa de pago (véase por todos M. Andreoli, *La delegazione*, Pádua, 1937, página 416): esto es, se decía que la indicación sería una declaración autorizativa, dirigida por el acreedor al deudor, para atribuirle la simple *facultad* de liberarse prestando a un tercero. Sin embargo, o la indicación consiste en la invitación del acreedor a hacer llegar la prestación en manos de un tercero que no sea un encargado del acreedor, y entonces ya no se trata de indicación, sino de delegación, como justamente observa Bigiavi, *op. loc.* cit.; o bien la intención del acreedor es la de indicar un sujeto que puede funcionar de instrumento para el cobro a favor del acreedor, y entonces no puede decirse que el deudor tenga la sola facultad de pagar al indicatario, a menos que con tal expresión se quiera, impropiamente, solamente subrayar que el indicatario no adquiere un derecho propio para la ejecución de la prestación. Cuando la declaración del acreedor aparece formulada en términos atributivos de una simple facultad, por tanto, esto no depende del hecho de que falte una obligación del deudor para cumplir en manos del tercero, sino del hecho de que indudablemente la posición del indicado, como consecuencia de la indicación, viene a resultar mejorada, desde el momento en que el deudor tiene la elección entre cumplir en manos del acree-

en que el legislador ha sancionado, salvo usos contrarios, la libertad respecto al deudor de rechazar la invitación del delegante de cumplir la prestación en manos del delegatario[33]. Para intentar superar la contradicción entre las citadas normas, se podría pensar que el artículo 1188, no obstante su inexacta formulación, no está dirigido a imponer al deudor deberes autónomos que no deriven del contenido mismo de la relación y no se preocupa, por tanto, de establecer frente a qué sujetos el deudor está obligado a pagar, sino solamente de enumerar en qué casos la prestación del *solvens* tiene eficacia liberatoria. Por tanto, así como el deudor, salvo pacto expreso (denominado *adiectio solutionis causa),* suele ser libre para negar (art. 1269) el pago a quien no sea el acreedor o su representante, el artículo 1188, si la figura de la indicación no difiriese de la *delegado solvendi,* debería ser interpretado como si dijese: «el pago *(scil:* para ser liberatorio) debe ser hecho al acreedor o a la persona por él indicada, etc.», o sea, «el pago tiene eficacia liberatoria cuando es hecho al acreedor o a la persona por él indicada». De este modo se superaría la antinomia entre el artículo 1269 y el artículo 1188, en cuanto que la eficacia liberatoria del pago al indicatario estaría justificada del mismo modo que el pago al delegatario.

Una tal interpretación del artículo 1188 no puede ser aceptada: ya se ha subrayado, en efecto, cómo toda disposición sobre el pago se refleja sobre el contenido de la prestación y viceversa. Al artículo 1188, por esto, le es reconocida una autónoma relevan-

---

dor o en las del tercero. Además, la ejecución de la prestación en manos del indicatario, sin embargo, representa para el deudor, si bien en vía alternativa con el cumplimiento al acreedor, el contenido de una verdadera obligación (hacia el indicante).

33 Bajo el viejo código la cuestión era controvertida: véase el amplio estudio de Bigiavi, *La delegazione,* cit., págs. 172 y sgts. Lo mismo que nuestro artículo 1269, el § 787 BGB dispone que el delegado no está obligado a aceptar o a ejecutar la *Anweisung* ni siquiera si es deudor del delegante; viceversa, el artículo 468, párrafo 2.°, del código suizo de las obligaciones dispone que el delegado, si es deudor del delegante, está obligado a pagar al asignatario hasta la concurrencia del importe de su deuda, a condición de que tal pago no sea para él más oneroso del que habría debido hacer a favor del delegante.

cia[34], en cuanto pone a cargo del deudor el *deber* de pagar además a sujetos distintos del acreedor, entre los cuales está también el indicatario. Por lo demás, para convencerse de la autonomía del concepto de indicación, al menos si se mira al uso legislativo de la expresión, respecto al concepto de delegación, basta considerar que el deudor «delegado para ejecutar el pago», si de un lado «no está obligado a aceptar el encargo» (art. 1269), de otro, una vez que lo haya aceptado, debe prestar en manos del delegatario y ya no en las del acreedor: la legitimación del indicatario para recibir, en cambio, derivando de un acto unilateral del acreedor, es siempre *alternativa* respecto a la del principal legitimado, el mismo acreedor. Me parece cierto, por tanto, que la indicación de que habla el artículo 1188 no puede equipararse a la delegación[35].

---

34 En contra, CARRARO, «Contributo alla dottrina dell'autorizzazione», en *Riv. trim. dir. e proc. civ.*, 1947, pág. 288, el cual, reconduciendo la figura del indicatario a la del *adiectus solutionis causa,* afirma que el artículo 1188, párrafo 1.°, «está privado de una función propia, al menos en su formulación positiva, en el sentido de que nadie puede dudar de la eficacia liberatoria del pago en los casos a los cuales la norma misma hace expresa o implícita referencia, y, por tanto, se puede afirmar en conclusión que ningún relieve tiene la autorización a que la misma norma alude». La tesis sostenida por CARRARO, esto es, que la denominada autorización no es considerada como atributiva de un poder de disponer del crédito ajeno, en mi opinión, es exacta, y será reiterada más adelante. La afirmación de referencia, sin embargo, puede ser acogida sólo desde un punto de vista muy particular. En efecto, que una norma establezca un principio obvio e indiscutible es cosa que a veces, como en este caso, quiere solamente decir que, sobre un plano de política legislativa, nadie podría dudar de la oportunidad de la norma, pero no significa que la norma sea inútil. Ahora bien, como la eficacia liberatoria de una prestación que, bajo el perfil subjetivo, sea distinta de la debida, no es aprovechable por el mismo concepto de obligación, ha hecho bien el legislador en precisar los presupuestos de legitimación de los que deriva la obligación para el deudor de prestar también a sujetos distintos del acreedor. En el fondo de las incertidumbres, en esta materia, está siempre la opinión de que el acreedor es destinatario del pago en cuanto titular del derecho: concebido, en cambio, el destinatario del pago como un elemento objetivo de individualización de la prestación debida, viene a emerger la necesidad de una disciplina legislativa también en relación de tal elemento.

35 Cuanto se ha dicho vale, naturalmente, para la figura de la indicación *activa* de pago, pero no es aplicable a la indicación *pasiva* de pago. Esta, en efecto, debería consistir en una declaración con la que el deudor (indicante) autoriza

11. Es menester, por consiguiente, individualizar la figura a que el legislador ha intentado hacer referencia cuando ha mencionado, entre los sujetos legitimados para recibir, a «la persona indicada por el acreedor»; en particular, es menester aclarar qué nota permite diferenciar al indicatario del apoderado voluntario para el cobro. Frecuentemente, en la tentativa de precisar la diferencia entre las dos figuras, se dice que, mientras el representante actúa en nombre del acreedor, el indicatario actuaría en nombre propio[36]. Esta nota diferencial, sin embargo, debe considerarse gravemente equívoca, porque podría ser entendida de tres modos diferentes y precisamente en el sentido de que: *a)* el representante recibe la prestación con referencia a la relación de cobertura, el indicatario con referencia a la relación de valuta; *b)* el representante actúa en interés del *dominus,* el indicatario en interés propio; c) el representante adquiere una posición posesoria dependiente de la del representado (detentación o subdetentación), el indicatario una posición posesoria autónoma (y, por tanto, eventualmente, la propiedad).

Estas proposiciones parecen todas inaceptables porque: *a)* ni el representante ni el indicatario hacen referencia a una de las relaciones internas, en cuanto tal referencia es jurídicamente inútil:

---

al acreedor (indicado) a recibir la prestación por un tercero (indicatario). Sin embargo, o el tercero, al cumplir, actúa «por cuenta» del indicante, pero no para cumplir la deuda de este último hacia el indicatario, y entonces no és discutible que se recaiga sin más, como exactamente sostenía BIGIAVI, en la delegación pasiva; o bien el tercero, al ejecutar la prestación, se refiere al crédito del *accipiens* hacia el indicante, y entonces estamos en el campo del cumplimiento de la obligación ajena, ya completamente disciplinado por el artículo 1180: la declaración del deudor al acreedor sería, por tanto, completamente irrelevante, excepto como genérico anuncio —privado de propios efectos— de la intención de un tercero de prestarse (no importa a base de qué relación que le ligue al deudor) a pagar en vez de este último.

36 También la doctrina alemana (cfr. citas nota 29) es de la opinión de que el sujeto al cual está dirigida la *Einziehungsermächtigung* (autorización para el cobro), a diferencia del procurador, actúa en *nombre propio.* Pero entonces, dado que también el *Anweisungsepfänger* actúa en nombre propio, se debería aceptar la equiparación entre indicación y delegación: viceversa, se sostiene que la indicación vincula al deudor, al contrario de la delegación. Entre las dos contraposiciones (autorización-apoderamiento; autorización-delegación) falta, evidentemente, una continuidad lógica.

la prestación debe estar acompañada por un acuerdo sobre la calificación que legitima al *accipiens* para recibir como instrumento del acreedor, no por un acuerdo sobre una *iusta causa traditionis,* que haya que volver a poner en la relación de cobertura o en la relación de valuta (que de otro modo no se trataría ya de una atribución *indirecta*); *b*) tanto el representante como el indicatorio obran para actuar la propia relación interna con el representante o indicante, mientras que para ellos es completamente indiferente cuál sea la función asignada a la prestación en la relación interna entre el representado o indicante y el *solvens; c)* tanto el representante como el indicatario adquieren una situación posesoria autónoma (y eventualmente, por tanto, la propiedad) o dependiente a base de la función asignada a la prestación por los acuerdos internos con el representado o indicante, no a base de una inexistente postura distinta con la que aceptan a recibir la *traditio* del *solvens.*

12. ¿Por qué, entonces, el legislador ha previsto separadamente las figuras de la representación (voluntaria) y de la indicación? Si se quiere dar un sentido a este desdoblamiento, se debe entender que el legislador, en el artículo 1188, ha considerado representante del acreedor la sola persona a la cual haya sido *directamente* dirigida la declaración negocial (poder) atributiva del denominado poder de representación; y, en consecuencia, ha querido precisar, como está confirmado por la expresión empleada, que el deudor está obligado a pagar no solamente en las manos del sujeto al cual el acreedor ha dejado un poder, sino también en las memos del sujeto que, si bien no ha recibido autorización alguna mediante una declaración negocial a él dirigida por el acreedor, ha sido, sin embargo, *indicado* al deudor como legitimado para recibir. En otras palabras, el legislador ha tenido presente la diversa *dirección* de la declaración con que el acreedor puede manifestar la voluntad de conferir a un tercero, frente al deudor, la función de instrumento para recibir el pago: y ha considerado, por tanto, como *representante* a la persona a la cual el acreedor se dirige directamente al conceder el poder para el cobro, y como *indicatario* a la persona cuya legitimación para recibir derive de una declaración del acreedor comunicada sólo al deudor.

En la base de la preocupación legislativa que ha conducido al artículo 1188 a desdoblar la fuente negocial atributiva de la legitimación para recibir, está la concepción de que el poder está destinado necesariamente al representante. En contra, es necesario poner de relieve, en primer lugar, que la controversia, surgida para establecer si destinatarios del poder deben considerarse el representante o los terceros[37], ha sido exactamente resuelta en el sentido radical de negar el carácter recepticio del poder[38], desde

37 Véanse las citas relativas a las dos corrientes en GIAMPICOLO, *Contributto allo studio della dichiarazione recettizia,* Milán, 1959, pág. 112, notas 239 y 240. Es de notar que la tesis según la cual el apoderamiento sería un negocio recepticio que tiene por destinatario al representate es la lógica, si bien inaceptable, conclusión de la concepción que reconoce en la representación un *poder* del sujeto que le ha investido (en este sentido, últimamente, ampliamente, MANDRIOLI, *Premesse generali allo studio della rappresentanza net processo civile,* Milán, 1957, págs. 67 y sgts.). Sin embargo, en mi opinión, el denominado *poder* representativo constituye una inútil pantalla que está interpuesta entre el supuesto que atribuye relevancia en las relaciones del interesado a la actividad establecida con la *contemplatio domini* del representado (denominada fuente de la representación) y tal relevancia: no el poder de representación, en efecto, es la causa justificativa de la automática eficacia que el actuar representativo tiene frente al *dominus;* más bien al contrario, tal eficacia explica por qué se busca darle justificación reconduciéndola a un poder representativo, que se resuelve, en definitiva, en una mera proyección refleja de la relevancia unida por el legislador al supuesto calificado fuente de la representación. El apoderamiento, por tanto, no determina el surgir de nuevas situaciones jurídicas *estáticas,* sino que asume relevancia sólo sobre el plano *dinámico,* atribuyendo a la actividad del representado un valor jurídico que a aquella actividad, en sí considerada, no se podría reconocer (cfr. ALLARA, *La teoría generale del contratto,* 2.ª ed., Turín, s.f., pero 1955, págs. 36-37). Se comprende que en la base del problema está la cuestión fundamental de la admisibilidad de la inserción en el denominado ritmo silogístico del fenómeno jurídico —que se agota en una valoración *dinámica* de supuestos—, fenómenos que tendrían una relevancia *estática.* No es, obviamente, cuestión de afrontar en una nota: pero la fractura que se opera insertando entre los supuestos y su eficacia una pantalla de situaciones jurídicas justificadoras de tal eficacia puede ser superada, en mi opinión, sólo reconduciendo aquellas situaciones a una previsión anticipada de la eficacia de los supuestos, y, por tanto, a un concepto importantísimo sobre el plano descriptivo, pero inútil sobre el técnico.

38 Cfr. GIAMPICOLO, *Contributto allo studio della dichiarazione recettizia,* cit., págs. 112 y sgts. En el mismo sentido parece estar también MIRABELLI, «Dei contratti in generale», en *Commentario del codice civile,* cit., pág. 291, el cual afirma que

el momento en que la necesaria bilateralidad de la *contemplatio domini* excluye que, aparte la existencia o, como máximo, el conocimiento, sea además requerida una específica *destinación*[39] del acto que confiere el poder de representación. En segundo lugar, en fin, el carácter particular del poder *para el cobro,* destinado a crear una situación *pasiva*[40] a cargo del deudor (puede decirse la *obligación* de pagar en manos del tercero), hace cierto que la declaración del acreedor vaya, sí, construida como un negocio recepticio, pero cuyo destinatario es el tercero y no el representante. Por tanto, la obligación del deudor se constituye sólo cuando el conferimiento del poder le sea comunicado, no importa si directamente [denominada indicación o autorización[41]] o bien por medio del representante, que, en tal caso, funciona como *nuncius* del acreedor.

Debe llegarse, así, a la conclusión de que hay una única figura negocial mediante la cual puede ser conferido al tercero el papel de destinatario del pago: la hipótesis de poder para el cobro y de indicación o autorización (conferida por el acreedor) para recibir, en efecto, coinciden plenamente.

---

el dilema de si destinatarios de la declaración son los terceros o bien sólo el representante «en realidad no subsiste». Sin embargo, añade después que «el efecto primero y principal (scil.: del apoderamiento) se actúa frente al representante y surge en el momento en que éste tiene conocimiento del acto», esto es, que prácticamente suena como adhesión a la tesis que reconoce en el representante el destinatario de la declaración que confiere el denominado poder representativo.

39 Sobre el concepto de declaración *destinada* (art. 1334) véanse los estudios de ALLARA, *La teoria generale del contratto,* cit., págs. 252 y sgts., y de GIAMPICOLO, op. cit., págs. 3 y sgts.

40 GIAMPICOLO justamente considera siempre recepticias las declaraciones directamente eficaces en la esfera del destinatario, cuando creen o modifiquen una situación pasiva (*op. cit.,* pág. 71): entre los ejemplos de esta última categoría no se menciona el apoderamiento para el cobro o indicación de pago.

41 En confirmación de cuanto se ha observado en la nota 37, es sintomático que la doctrina, más que mirar al efecto que el apoderamiento para el cobro produce directamente frente al deudor, determinada su obligación de pagar al tercero, haya preferido considerar el aspecto simplemente reflejo del fenómeno, poniendo de relieve la *autorización* para recibir del tercero, que constituye la consecuencia, no ya la causa, de aquella obligación.

13. Aunque el artículo 1188 no lo diga, la doctrina menciona frecuentemente, entre los sujetos legitimados para recibir el pago en sustitución del acreedor, al denominado *adiectus solutionis causa,* que es unas veces identificado con el representante o indicatario[42], y otras considerado dé modo autónomo[43]. La única nota, sobre la que todos están de acuerdo, es el carácter contractual, y no unilateral, de la *adiectio solutionis causa,* puesto que la legitimación del *adiectus* debe estar prevista o en una cláusula del mismo contrato constitutivo de la obligación del deudor o en un acuerdo sucesivo.

La dificultad de individualizar las notas de la figura en examen consiste en el hecho de que la declaración contractual, en la cual se ha dicho que el pago debe ser efectuado a un tercero, es susceptible de ser diversamente interpretada. Las partes, en efecto, podrían querer que el tercero sea: 1) el beneficiario de un contrato a su favor (art. 14-11); 2) el punto de referencia para la individualización de lá prestación debida (esto es, la hipótesis respecto a la cual se ha dicho que el tercero es destinatario del pago, si bien no sea un instrumento del acreedor y, por tanto, un legitimado para recibir en sustitución de este último); 3) un instrumento del acreedor para facilitar la percepción del pago. Reenviando a la continuación del trabajo el examen del segundo caso, tomamos en consideración el último, respecto al cual solamente es admisible hablar de una *adiectio solutionis causa.*

Precisados sus límites, aquí se debe preguntar si esta figura da lugar a una forma de legitimación negocial para recibir en sustitución del acreedor distinta de la representación. La res-

---

42 Cfr. GIORGIANNI, *Lezioni,* cit., pág. 74; CARRARO, «Contributo alla dottrina dell'autorizzazione», en *Riv. tri. dir. e proc. civ.,* 1947, pág. 268; AURICCHIO, voz *Autorizzazione,* en *Encictopedia del diritto,* IV, 1959, pág. 506, nota 6.

43 BIGIAVI, *La delegazione,* cit., pág. 95. También BIGIAVI considera la *adiectio* como fuente de una *facultad* para el deudor: viceversa, si es exacto que el deudor tiene la elección entre pagar al *adiectus* o al acreedor, es necesario no olvidar que se trata del mismo tipo de elección de la obligación, alternativa, de modo que es preciso partir no de la consideración de la facultad del deudor de pagar al acreedor o al tercero, sino de su deber de pagar a uno u a otro, deber que hace sin más *ilícita* la negativa de cumplir en manos del *adiectus.* Cfr. más ampliamente *retro,* nota 32.

puesta es, desde luego, negativa[44]: el *adiectus,* frente al deudor obligado a pagar en sus manos, es solamente un instrumento del acreedor, un sujeto por medio del cual el *solvens* debe cumplir su obligación; por tanto, en el significado que, como se ha sostenido, el término asume en materia de *acceptio* del pago, el *adiectus* no es otra cosa que un *representante* del acreedor.

Es menester todavía explicar, sin embargo, por qué nunca la legitimación del *adiectus* está prevista por una cláusula contractual en vez de por un negocio unilateral. De conformidad con la interpretación de la voluntad de las partes, esto puede depender del hecho de que: *a)* la cláusula, si bien inserta en el contexto de un contrato, constituye en realidad una declaración *unilateral* del acreedor con la que es conferido al *adiectus* un normal poder para el cobro, atributivo de una legitimación para recibir alters nativa: en consecuencia, el deudor está obligado —frente al acreedor— a pagar al *adiectus,* pero podría, naturalmente, liberarse también pagando directamente al acreedor; ***b)*** la cláusula, aparte de conferir al tercero la legitimación (alternativa) para recibir, obliga al acreedor —frente sólo al deudor— a no revocar el poder de representación concedido al *adiectus*[45]: en consecuencia, si se entiende que el acuerdo sobre la irrévocabilidad tiene eficacia *real*[46], el deudor no podría nunca ser privado de la facultad de liberarse ejecutando el pago en manos del tercero[47], mientras que si se entiende que el acuerdo tiene sólo eficacia *oblir gatoria,* el deudor podría pretender el resarcimiento de los daños, cuando el acree-

---

44 En contra Bigiavi, *op. cit.,* pág. 97, nota 7 (donde se encuentra citada la doctrina favorable a la tesis sostenida en el texto), el cual se limita a afirmar que «el *adiectus* puede ser un representante del acreedor, pero no es necesario que sea tal».

45 En tal caso la *adiectio* es estipulada en interés del deudor. No diré, sin embargo, que, cuando la interpretación de la voluntad de las partes deje paso a dudas, que ésta sea la solución presumible (así Bigiavi, *La delegazione,* cit., pág. 98). Al contrario, entiendo que la intención de las partes, es, ordinariamente, interpretada en el sentido de la hipótesis *a,* esto es, como simple conferimiento de un poder de cobro al tercero.

46 Sobre el controvertido problema, véanse los estudios, con las correspondientes referencias bibliográficas, de Minervini, «Contributo alla dottrina della procura irrevocabile», en *Annuario di dir. comp. e st. legisl.,* 1949, págs. 27 y sgts., e *Il mandato,* Turín, 1952, págs. 185 y sgts.

47 Salvo nuevo acuerdo con el acreedor, bien, se entiende.

dor revoque el poder de representación conferido al *adiectus*[48]; c) la cláusula, aparte de conferir al tercero la legitimación para recibir, obliga al deudor a ejecutar el pago solamente en manos del *adiectus*[49], esto es, a no pretender conseguir la liberación efectuando la *solutio* en manos del acreedor: en consecuencia, la legitimación del tercero se contempla como *exclusiva* y, por tanto, la eventual negativa del acreedor a recibir la prestación que le fuese ofrecida no determinaría la *mora accipiendi*[50]; *d)* la cláusula, aparte de conferir el poder de representación al tercero, al mismo tiempo obliga, por un lado, al acreedor a no revocar tal poder, y de otro, el deudor a ejecutar el pago solamente en manos del *adiectus*[51], esto es, a no pretender liberarse efectuando la *traditio* al acreedor.

14. Ultimado el análisis de las diversas figuras a través de las cuales el legislador reconoce eficacia liberatoria al pago efectuado a un tercero que recibe la prestación en sustitución del acreedor, es menester todavía preguntarse cuáles son las razones justificativas de tal eficacia. La explicación más simple parecería descubrible en el concepto de *subrogación* por parte del tercero en el *ejercicio del derecho de crédito*[52], en perfecto paralelismo con

---

48 No se olvide que, independientemente de la eficacia real u obligatoria de la cláusula que establece la irrevocabilidad del apoderamiento para el cobro, la facultad del deudor de pagar al tercero en vez de al acreedor no significa que el deudor no esté al mismo tiempo obligado, en vía alternativa, a efectuar la prestación en manos del acreedor: por tanto, por un lado el deudor podría preferir (salvo las hipótesis *c* y *d*) efectuar la *solutio* en manos del acreedor; por otro, mientras que el deudor no haya cumplido en manos del tercero, el acreedor podría constituirlo en mora, pretendiendo la ejecución en las propias manos.

49 En tal caso la *adiectio* está estipulada en interés del acreedor.

50 Naturalmente, el acreedor es libre de aceptar la prestación que le es ofrecida o de revocar la *adiectio,* constriñendo al deudor a efectuarle a él el pago.

51 En consecuencia, se verifican cumulativamente los efectos previstos en las hipótesis *b* y *c*. En este sentido se podría quizá decir, como se hace a propósito del término, que la cláusula está a favor o en el interés de entrambos sujetos.

52 Cfr. BETTI, «Sulla natura giuridica della girata dei titoli all'ordine», en *Riv. dir. comm.*, 1927, I, págs. 574 y sgts. (que, sin embargo, excluye el concepto al representante); NICOLÒ, voz *Adempimento,* cit. en *Enciclopedia del diritto,* I, pág. 565; BUCCISANO, *La surrogazione per pagamento,* Milán, 1958, págs. 96 y sgts.

la figura de la intervención del tercero[53], en lugar del deudor, en el cumplimiento de la relación[54]. Con esto quedaría confirmada la autónoma relevancia concedible a la fase ejecutiva de la obligación, respecto a la cual se contemplaría la figura genérica de la intervención de un tercero en sustitución de un sujeto de la relación obligatoria, para actuar o el lado activo o el lado pasivo[55].

Naturalmente, la diferente relevancia de los recíprocos intereses hace, sí, qiie, mientras cualquier tercero está legitimado para efectuar el comportamiento solutorio, salvo el caso en que el acreedor tenga «interés en que el deudor ejecuté personalmente la prestación» (art. 1180), la ejecución del pago en manos de quien no sea acreedor no tiene, en principio, eficacia liberatoria (artículo 1188, párrafo 2.º), a menos que medie un particular presupuesto dé legitimación en la persona del *accipiens*[56]. Esta diferencia, sin embargo, si vale para subrayar la diversidad de presupuestos de las dos figuras, no sería todavía Suficiente para negar su sustancial analogía: subrogación en el ejercicio o en la actuación de una posición jurídica ajena, respectivamente activa o pasiva.

---

53 Exactamente ha sido observado (PUGLIATI, «La "cessio bonorum" e la realizzazione dei diritti di crédito», en *Diritto civile, Saggi,* Milán, 1951, página 565, nota 4) que se habla impropiamente de *cumplimiento* del tercero, mientras que sería preferible generalizar el término «intervención», empleado en la legislación cambiaria.

54 Cfr. NICOLÒ, *L'adempimento dell'obbligo altrui,* cit., pág. 231: «La intervención de un tercero, dirigida a actuar una relación jurídica ajena, puede contemplarse tanto del lado activo como del pasivo de la relación.» Es verdad que NICOLÒ se apresura a añadir qué «es fácil ver la profunda diferencia que separa los dos fenómenos», pero tal diferencia dependería precisamente del hecho de que «en el caso de ejercicio de los derechos ajenos, la referencia al titular es el *prius* de la eficacia del acto» (NICOLÒ), voz *Adempimento,* cit. en *Enciclopedia del diritto,* I, pág. 565).

55 Cfr. Salv. ROMANO, «L'atto esecutivo nel diritto privato», en *Riv. dir. civ.,* 1957, II, pág. 718, según el cual «la intervención del tercero —o como tercero— en el pago determina las diversas figuras de subrogación en el ejercicio del crédito y del cumplimiento de la obligación», figuras frente a las cuales el concepto de actividad ejecutiva afloraría con precisión de referencias técnicas.

56 Y siempre que esto no comporte un agravio para el deudor en la ejecución de la prestación.

Sin embargo, en mi opinión, el susodicho paralelismo es puramente ilusorio, porque el fundamento y la justificación de las dos figuras son profundamente diferentes. El cumplimiento de la obligación por parte del tercero representa, en efecto, un fenómeno extraño a la estructura de la relación, sobre la cual opera por el exterior[57]: la obligación, construida como sujeción del deudor a las particulares consecuencias desfavorables ligadas por el legislador a la fallida realización, por obra del sujeto obligado, de un cierto resultado útil para el acreedor, no prevé en modo alguno la prestación del tercero, cuya eficacia extintiva, por tanto, se explica no a base del hecho de que la obligación ha sido verdaderamente cumplida, sino a base de la relevancia que una segunda norma, distinta de la que determina el contenido de la relación, atribuye a la realización por parte del tercero del mismo resultado que debería ser realizado por el deudor.

No se puede aquí, en cambio, dar cuenta de la eficacia liberatoria del pago efectuado a un tercero en lugar del acreedor si nos limitamos a considerar la sola fase ejecutiva y el estéril concepto de subrogación al titular del derecho: la legitimación del tercero para recibir el pago exige estar justificada mediante una proyección al interior de la relación. El tercero, en efecto, está legitimado únicamente en cuanto es destinatario de la prestación, esto es, únicamente en cuanto precisamente la adquisición por parte suya es el resultado que el deudor está obligado a realizar[58]. En

57 Se roza, de tal modo, el grave problema del concepto mismo de obligación considerada desde el punto de vista de su contenido, o bien, como también se dice, de su objeto (la prestación). Sobre tal problema, ampliamente, mi «Riflessioni sulla prestazione dovuta nel rapporto obbligatorio», en *Riv. tri. dir. e proc. civ.*, 1959, págs. 1273 y sgts., y pág. 1284.

58 Si no fuera así, esto es, si la eficacia liberatoria del pago al denominado legitimado para recibir debiera verdaderamente reconducirse al concepto de *ejercicio,* por parte del tercero, del crédito ajeno, no se llegaría a comprender cómo sea calificable de ilícito el frustrado cumplimiento en manos de un tercero, que no haya todavía requerido al deudor al cumplimiento y no haya, en consecuencia, todavía en modo alguno *ejercitado* el crédito. Es notorio, en efecto, que el fallido cumplimiento de la prestación, según las modalidades de tiempo y lugar determinadas por la relación, constituye sin más, al menos cuando se trate de obligaciones *trasladables,* violación del derecho del acreedor, independientemente de todo requerimiento o intimación: por tanto, imaginando

otras palabras, la legitimación del tercero para recibir en lugar del acreedor no puede ser explicada a base de las relaciones entre tercero y acreedor, como expresión de un poder concedido al *accipiens,* sino sólo a base de las relaciones entre deudor y acreedor, esto es, en cuanto el primero está *obligado,* frente a su acreedor y aim cuando medien ciertos presupuestos, a efectuar la prestación en manos del tercero. En suma, la legitimación del tercero es la consecuencia y no la causa de la eficacia liberatoria reconocida al pago efectuado en sus manos; y esta eficacia está reconocida, no porque el *accipiens* ejercite el derecho del acreedor[59] recibiendo la prestación, sino porque el deudor, ejecután-

---

el caso de un acreedor incapaz, caso en que la legitimación del tercero es exclusiva (representante legal, tutor, curador de la quiebra), se debería llegar a la conclusión de que el deudor es libre de no cumplir hasta que el denominado legitimado le haya requerido al pago (solución absurda), si no quiere reconocerse que el deudor, sin más obligado a ejecutar la prestación frente al tercero, aunque no haya habido, por parte de éste, acto alguno de ejercicio del derecho de crédito (solución que contradice, por tanto, el mismo planteamiento de la tesis, desde el momento en que de un lado se quiere reconducir la legitimación para recibir del tercero al concepto de ejercicio del derecho y del otro se está constreñido a atribuir tal legitimación antes del cumplimiento de todo acto en que pueda reconocerse dicho ejercicio). La tesis que justifica la eficacia liberatoria del pago al tercero reconduciéndola al concepto de subrogación en el ejercicio del derecho, por tanto, es considerada exacta solamente en el sentido de que la obligación del deudor de prestar al tercero se constituye exclusivamente en función del hecho de que el tercero ha sido investido (por el acreedor o por la ley) de una función instrumental para la *acceptio* del bien debido.

59 La tesis de la doctrina dominaste exigiría, además, la previa determinación del concepto de «ejercicio del derecho», concepto que aparece extraordinariamente delicado e impreciso, especialmente si se piensa en las incertidumbres que envuelven la determinación del concepto mismo de derecho subjetivo. Las dificultades de carácter general, pues, se agravan cuando se trata de determinar el concepto de ejercicio del derecho de crédito, puede decirse de una situación jurídica favorable, pero *inactiva* (respecto a esta terminología, cfr. GUARINO, «Potere giuridico e diritto soggetivo», en *Rass. dir. pubbl.,* 1949, págs. 264 y sgts.; M. GALLO, voz *Capacità penale,* en *Novissimo Digesto italiano,* II, Turín, 1958, pág. 881). Si, en fin, el concepto de subrogación en el ejercicio del derecho viene limitado a la hipótesis de sustitución en la *acceptio,* por un lado la categoría delineada pierde relieve, restringiéndose su configurabilidad a sus relaciones con el solo caso en que la prestación debida consiste en la ejecución de una *traditio;* por otro se manifiesta su intrínseca contradictoriedad, porque

dola en sus manos, cumple exactamente su deber. De esto deriva que, entre pago de la obligación ajena y pago de la obligación propia en manos de un sujeto que actúa en sustitución del acreedor, hay no paralelismo, sino neta contraposición: causa exógena de extinción del vínculo la primera, causa endógena la segunda[60]; supuesto extintivo autónomo el cumplimiento del tercero, que no se justifica a base de la estructura de la obligación, sino sólo a base del reconocimiento de la intervención del tercero *extraño* a la relación; verdadero y propio *pago* en sentido técnico, esto es, exacta realización de la prestación debida, en cambio, el cumplimiento de la obligación en manos de un denominado legitimado para recibir[61].

---

el mismo acreedor no efectúa la *acceptio* en cuanto acreedor, sino en cuanto destinatario de la prestación (cfr. *retro,* en el primer capítulo, pág. 11). El *prius* de la legitimación del tercero para la *acceptio,* por tanto, es ciertamente una obligación del deudor que tenga como destinatario del pago al tercero, y no el pretendido poder de ejercitar un derecho ajeno que la doctrina construye, con una singular inversión del procedimiento lógico.

60 Merece ser puesto de relieve, en confirmación de la extrema relatividad de los conceptos jurídicos en función del punto de vista que se elige al elaborarlos, que una terminología enteramente equivocada es adoptada por PUGLIATTI, *Esecuzione forzata e diritto sostanziale,* Milán, 1955, pág. 8, que califica al pago causa *exógena* (y otros supuestos, como la pérdida de la cosa debida, causas endógenas) de extinción de la obligación. La distinta terminología depende del hecho de que PUGLIATTI contempla el pago como la finalidad a que tiene el vínculo, y que permanece externa al mismo, mientras que en el texto se mira el pago no desde el punto de vista, de la realización de los intereses subyacentes al fenómeno jurídico, sino desde el punto de vista de su relevancia solutoria.

61 Estas conclusiones no pueden decirse contradictorias por cuanto acontece en los casos en que la legitimación del tercero para recibir no es exclusiva, sino concurrente con la del acreedor (autorización para recibir o bien apoderamiento para el cobro). En tales casos, en efecto, si bien la doctrina habla de *facultad* del deudor de prestar al tercero, se trata en realidad de una verdadera *obligación:* esto es, la situación del deudor es análoga a la que tiene lugar en caso de obligación alternativa, con la única diferencia de que las prestaciones alternativas deducidas en la relación difieren entre sí bajo el aspecto subjetivo (destinatario del pago) y no bajo el aspecto objetivo (cfr. *retro,* pág. 13).

Sección III
El pago al delegatario (art. 1269)

SUMARIO: 15. La obligación de ejecutar la prestación al delegatario: su contenido.— 16. Necesidad en la *delegatio solvendi* de la obligación de ejecutar la prestación al delegatario.— 17. Exclusiva función interna de la declaración de delegación.— 18. La delegación no es una autorización.— 19. Confrontación con el "consentimiento" del acreedor en la *datio in solutum*.— 20. La delegación como propuesta de contrato.— 21. Delegación de deuda y delegación en descubierto. La delegación en descubierto como mandato.— 22. La ejecución de la delegación como cumplimiento de una obligación que tiene a un tercero por destinatario del pago.— 23. La delegación de deuda. Contrató mixto de mandato y *datio in solutum*,.— 24. Consideraciones conclusivas.

15. Ha sido hasta ahora examinada la hipótesis en la cual el tercero es «destinatario del pago» en cuanto legitimado para recibir en sustitución del acreedor, esto es, como instrumento de éste: aquí se quiere ahora examinar la hipótesis en la cual el tercero asume el papel de destinatario del pago a consecuencia de una situación invertida, ya que el instrumento del acreedor no es el tercero que recibe la *traditio,* sino más bien el *solvens* que la ejecuta.

Esto acontece, como ya se ha anotado en el capítulo I, cuando se ha estipulado un contrato «con prestación al tercero», en virtud del cual, excluida la atribución al beneficiario del derecho de pretender la ejecución de la prestación, el promitente se obligue hacia el estipulante a ejecutar la *traditio* de un bien en manos de un tercero. De esto deriva, en esta hipótesis, que el tercero no es destinatario del pago en cuanto legitimado para recibir en sustitución del acreedor, y, por tanto, a base de una particular vestidura instrumental que le es atribuida por el mismo acreedor o a base de determinados supuestos legales: el tercero, por él contrario, es destinatario del pago en cuanto constituye directamente, y no a través de una determinación *per relationem,* el elemento necesario para la individualización de la prestación debida.

Por tanto, estipulante y promitente concluyendo el contrato, no se refieren al tercero como a un instrumento de exacción del acreedor, sino, al contrario, quieren que el deudor actúe como instrumento del estipulante para hacer llegar la prestación al beneficiario; no atribuyen al tercero un papel instrumental para la actuación de la relación de cobertura, sino, al contrario, constituyen esta relación en función instrumental de la adquisición por parte del tercero. En conclusión, el deudor no se empeña en hacer llegar la prestación al acreedor por *medio del tercero,* sino más bien a efectuar la prestación al tercero por *cuenta* del acreedor[62].

Aun cuando el deudor está obligado a pagar a un sujeto legitimado para recibir en sustitución del acreedor, la prestación tiene eficacia solutoria, según lo que se ha dicho a su tiempo, sólo si está acompañada de una concorde referencia del *tradens* y del *accipiens* al presupuesto de legitimación que habilita al tercero para efectuar la *acceptio.* En la hipótesis de contrato con prestación al tercero, en cambio, así como el destinatario del pago viene individualizado en el contrato de modo directo y no en relación a una situación jurídica relevante frente al acreedor (representación, tutela, etc.), no es menester, para la validez de la *solutio,* referencia alguna, a un presupuesto de legitimación que justifique la *acceptio* por parte del tercero. El estipulante, sin embargo, en tanto tiene interés en la ejecución de la prestación al beneficiario, en cuanto tal prestación sea idónea para desarrollar una función en una relación interna con el *accipiens.* Pero esto es admisible sólo a condición de que el tercero sepa que la prestación le es

62 Es necesario guardarse, sin embargo, de delinear la contraposición sometiéndose, como hace la jurisprudencia y como hacía la antigua doctrina, al concepto de mandato, diciendo que, en el primer caso, el deudor pagaría al mandatario del acreedor y, en el segundo, en cuanto mandatario del acreedor. Nada impide, en efecto, que el acreedor atribuya un poder de representación para el cobro a un sujeto que no es su mandatario (apoderamiento *in rem suam*) y que, viceversa, el deudor se comprometa a hacer llegar la prestación al tercero no para desarrollar una actividad de cooperación a favor del estipulante (delegación de deuda).

efectuada por cuenta del estipulante, de modo que permita a este último «computarla» en la relación de valuta[63].

De esto deriva que el estipulante, al hacerse prometer la ejecución de una prestación al tercero, especifica, expresamente o implícitamente, la obligación del promitente, en el sentido de que éste no debe limitarse a efectuar la entrega del bien al beneficiario, sino que debe ejecutarla precisando que la *traditio* es efectuada «por cuenta» del estipulante[64]. Para evitar un disenso

---

63 Escribe exactamente PELLIZZI, «Fallimento del delegante e succesiva esecuzione del "iussum"», en *Riv. dir. civ.*, 1958, I, pág. 564, nota 28: «Esencial de la delegación sería sólo la previsión de un "computar" o, más simplemente, de un tener en cuenta la aceptación y la prestación del delegado en cada una de las relaciones básicas; pero la forma en que este "cómputo" tenga lugar después depende solamente de la naturaleza y de la disciplina que tendrá según los casos la relación "subyacente".» Esta computabilidad, sin embargo, mira a los efectos de la operación delegatoria, y no puede servir, por tanto, para calificar la estructura del *acto* del delegante (como, en cambio, querría, por lo que parece, PELLIZZI, en *Riv. dir. civ.*, 1960, I, pág. 646).

64 Cuando el estipulante pretenda, en cambio, que la prestación sea ejecutada por el promitente sin hacer referencia al sujeto que lo ha encargado y, por tanto, como por su autónoma iniciativa, el contrato puede interpretarse de dos modos, entrambos fuente de no leves problemas.
En primer lugar se podría ver un mandato para donar sin representación. Aunque el principio de la espontaneidad de la donación excluya que un contrato semejante pueda vincular al mandatario a la estipulación del contrato con el tercero, es necesario preguntarse, en el caso en que el mandatario lleve a cabo efectivamente la atribución a título gratuito a favor del tercero, sin que el mandante le haya anticipado el bien objeto de la donación o los medios necesarios para efectuarla, si corresponde al mandatario la *actio mandati contraria.* Una respuesta negativa sería profundamente inmoral; una respuesta positiva pondría en duda que se pueda verdaderamente hablar de *nulidad* del mandato para donar, desde el momento en que la nulidad implica falta de todo efecto (respecto a otras hipótesis, en las cuales el contrato no obliga al cumplimiento, sino que obliga a la contraprestación cuando el cumplimiento se haya efectuado, cfr. GORLA, *Il contratto,* cit., I, pág. 222). Y entonces: respecto a todo esto, que en la disciplina de la donación hace referencia a la persona del donante (baste pensar en la revocación por ingratitud o por superveniencia de hijos), ¿se debe hacer referencia a la persona del donante o a la del mandante para donar?
En segundo lugar, el contrato con que el estipulante se haga prometer la ejecución de la *traditio* del sujeto que le ha dado el encargo de efectuarla podría ser interpretado como un simple mandato para el desenvolvimiento de una actividad de cooperación a favor del mandante. Sin embargo, así como la ad-

que haría repetir la prestación, es además necesario, no obstante, que el *accipiens* comparta la determinación hecha por el *tradens* al cumplir, y no pretenda, por tanto, recibir a base de un título justificativo relevante directamente frente al *solvens*. La *traditio* al tercero, por tanto, constituye cumplimiento de la obligación asumida por el promitente hacia el estipulante sólo si *solvens* y *accipiens* concuerdan sobre el punto de que el pago es ejecutado por cuenta del estipulante.

Tal acuerdo –análogamente al necesario cuando el *solvens* cumple en manos del tercero porque éste está legitimado para recibir en sustitución del acreedor– no es entendido, sin embargo, como un negocio que esté en situación de representar una justificación causal de la atribución operada a favor del *accipiens:* se trata, en cambio, de una modalidad de la cual debe estar acompañada la ejecución de la *traditio* para ser idónea para desarrollar una función en la relación de valuta y para ser conforme al contenido de la obligación, que, precisamente en vista de aquella función, el estipulante especifica poniendo a cargo del deudor el deber de cumplir la *traditio* por cuenta del acreedor[65].

---

quisición por parte del *accipiens* no encuentra justificación alguna ni en las relaciones directas del *tradens* (y esto porque la prestación no es ejecutada a base de una *iusta causa* directamente relevante *interpartes*), ni una relación de valuta intermediante entre accipiente y estipulante (y esto porque la prestación no ha sido ejecutada «por cuenta» de este último, y, por tanto, no ha llegado a las manos del *accipiens* como si le hubiese sido procurada por el estipulante), debe decirse que el bien ha sido adquirido por el ***accipiens*** sin justificación causal alguna. Es cierto, en consecuencia, que éste debe restituirlo: pero ¿a quién? Al *tradens,* cuando se sostenga que no es susceptible de ser válidamente admitido el sujeto por cuenta del cual la prestación es ejecutada; al estipulante, cuando se admita la validez de la obligación asumida por el promitente, y, en consecuencia, la legitimidad de la pretensión del mandante de hacer valer frente al *accipiens* la falta de *iusta causa* de la adquisición mediante la intermediación del *tradens.*

Nos hemos detenido sobre esta última hipótesis para subrayar la inidoneidad para satisfacer intereses apreciables: esto sirve para confirmar cuanto se ha dicho en el texto acerca del carácter esencial que se atribuye a la especificación, si bien tácita, de la obligación del promitente, mediante la cláusula que le impone ejecutar la *traditio* por cuenta del estipulante.

65 La doctrina dominante, en cambio, entiende que el acuerdo entre *solvens* y *accipiens* va reconducido a una común *intención* (¿negocio jurídico?) de dar

Me parece, por esto, que entre las dos hipótesis de obligaciones que tienen a un tercero como destinatario del pago hay perfecta simetría: en ambas la *traditio* está privada de una propia justificación causal; determina, sin necesidad de ninguna específica referencia, la contemporánea actuación de dos relaciones básicas, que ligan *tradens* y *accipiens* a un sujeto que permanece extraño a la prestación (el acreedor del *tradens*); desarrolla tal doble función en cuanto celebrada o con una concorde referencia a un presupuesto que legitima al *accipiens* para recibir la prestación como instrumento del acreedor, o con una concorde inteligencia de que, por cuenta de éste, la ejecuta el *tradens*[66].

---

ejecución a una orden *(iussum)* del delegante (cfr. BETTI, *op. cit.*, en *Bull. Ist. di dir. rom.*, 1933, pág. 168 y sgts., por quien la tesis ha tenido una rígida formulación). Sin embargo, de tal modo se olvida el hecho de que para el *accipiens* resulta totalmente indiferente la razón que impulsa al *tradens* para efectuar la prestación (espontáneamente, para cumplir una obligación, etc.): al *accipiens* interesa sólo que la prestación sea efectuada «por cuenta» de un sujeto, al cual él esté ligado por una relación causal que, a base de los acuerdos internos con el delegante, debe encontrar actuación a través de la prestación del delegado. El acuerdo entre *solvens* y *accipiens,* por tanto, se perfecciona sólo sobre el punto de que el delegado presta al delegatario por cuenta del delegante, y, por tanto, que el delegatario recibe del delegante por medio del delegado. La común intención de dar ejecución a la orden del delegante, que la doctrina elabora en la superflua tentativa de justificar además mía atribución indirecta a través de un acuerdo sobre la *causa traditionis* (justificación que es, en cambio, asentada en la *función* y no en la *estructura* de la *traditio)* constituye, en definitiva, un concepto fruto de una superposición de los acuerdos internos entre el acuerdo entre *solventes* y *accipiens* delegante y delegado por un lado y delegante y delegatario por otro, acuerdos necesarios sólo para la justificación causal de la prestación respecto a las dos relaciones internas: superposición que se explica considerando el hecho de que muchas veces estos acuerdos internos son tácitamente perfeccionados precisamente a través de la ejecución de la prestación por el delegado al delegatario, los cuales, en tal modo, manifiestan su intención de aceptar la propuesta del delegante, contenida en el denominado *iussum.*

66 Las dos hipótesis aparecen claramente delineadas en el citado amplio estudio de BETTI, en *Bull. Ist. dir. rom.*, 1933, págs. 171 y 176. No me parece oportuno, sin embargo, dar un tratamiento unitario a las dos figuras, aplicando también a la hipótesis de pago al representante los principios válidos respecto a la delegación de pago.

16. El contrato con el cual el promitente asume hacia el estipulante el compromiso de efectuar, por cuenta de éste, la *traditio,* de un bien en manos de un tercero, se perfecciona, en mi opinión, solamente con ocasión de una *delegación de pago* (artículo 1269): ésta, en efecto, tiende a perfeccionar un contrato, mediante el cual el delegado (promitente) asume hacia el delegante (estipulante) la obligación de ejecutar la prestación en manos del delegatario (el tercero). A su vez, la institución de la *delegatio solvendi* no puede encontrar una explicación satisfactoria si no es sosteniendo que la justificación causal del pago efectuado por el delegado al delegatario se encuentra *siempre,* por lo que respecta a la relación interna en que el delegado y delegante, en una obligación que tiene por destinatario del pago a un tercero, obligación que (prescindiendo de un caso particular) se constituye precisamente a base de una estipulación, entre delegante y delegado, que tiene el contenido antes descrito[67].

Esta afirmación no dejará de suscitar graves perplejidades, puesto que aparece en radical contraste con la opinión de la doctrina corriente. Entiendo, sin embargo, que el contraste pueda revelarse menos radical, una vez aclarado el exacto papel asignable a la declaración del delegante al delegado, esto es, a la declaración de delegación, de la que deriva la denominación de toda la figura.

La doctrina prevalente caracteriza la delegación de pago[68] poniendo de relieve que la prestación del delegado al delegatario: *a)* No encuentra su justificación en un negocio causal esti-

---

67 Naturalmente, es necesario no confundir la obligación del delegado, hacia el delegante, de efectuar el pago al delegatario, con otras eventuales obligaciones del delegado hacia el delegante, con distinto contenido, nacidas anteriormente o contemporáneamente a la obligación de pagar al delegatario. Sólo respecto a esta última se legitima la distinción, sobre la cual ampliamente se volverá en seguida, entre delegación «de deuda» y delegación «al descubierto».

68 El legislador dedica a la delegación de pago sólo el artículo 1269, pero, dada la identidad de estructura atribuible a las hipótesis de *delegatio solvendi* y *promittendi,* muy bien pueden aplicarse también a la primera, las normas dictadas respecto a la segunda, en cuanto sean compatibles: en contra solamente BETTI, *Teoria generale delle obbligazioni,* cit., III, 2, páginas 73 y 99, el cual niega resueltamente la identidad estructural entre la delegación para prometer y la de pagar, calificando a esta última como «indicación de pago».

pulado entre *solvens* y *accipiens; b)* No está efectuada para actuar una relación que ligue entre sí a estos últimos; c) Es ejecutada por el delegado y recibida por el delegatario «por cuenta» del delegante; *d)* Es idónea para actuar dos distintas relaciones básicas, la de cobertura, que liga al delegante y al delegado, y la de valuta, que liga al delegante y al delegatario.

Las mismas notas, se puede observar, caracterizan también la figura del contrato con que el promitente (delegado) asume hacia el estipulante (delegante) la obligación de ejecutar la prestación en manos de un tercero (delegatario), de suerte que se comienzan a delinear las razones de la aproximación entre el tal contrato y la delegación de pago.

El contraste con la tesis dominante, por tanto, se concreta en el hecho de que, en mi opinión, la prestación al delegatario, tratándose de *delegatio solvendi,* exige estar causalmente justificada, en la relación interna entre el delegante y delegado, por una obligación que tenga por destinatario del pago a un tercero. De modo radicalmente opuesto, en cambio, una corriente doctrinal sostiene que el pago al delegatario constituiría siempre el ejercicio de una *facultad* del delegado y nunca el cumplimiento de una obligación[69]; y otras corrientes intermedias, aun entendiendo con diversos matices que a veces el delegado está obligado, frente al delegante, a ejecutar la prestación al delegatario[70], admiten que

---

69 Se trata de la conocida tesis que construye la delegación como *autorización* (o doble autorización, para quien adosa, a la iniciativa del delegante hacia el delegado, una paralela iniciativa del delegante hacia el delegatario), sostenida primeramente por SALPIUS, *Novation und Delegation nach römischem Recht,* Berlín, 1864, que reconducía la delegación al mandato (o a un doble mandato). La teoría de la autorización, rápidamente dominante en Alemania, ha recibido su consagración legislativa en el párrafo 783 del BGB. También en Italia esta teoría ha encontrado numerosos aceptantes (cfr., entre otros, NICOLÒ, *Il negozio delegatorio,* cit., págs. 66 y sgts.; GRECO, *Delegazione e obbligazione nel diritto civile italiano,* Nápoles, 1928, págs. 33 y sgts.; voz *Delegazione,* en *Nuovo Digesto italiano,* IV, Turín, 1938, págs. 640 y sgts.; BETTI, *Teoria generale delle obbligazioni,* cit., III, 2, págs. 84 y sgts.); en los últimos tiempos, sin embargo, se notan mayores resistencias para aceptar incondicionalmente la tesis del carácter unilateral de la iniciativa del delegante hacia el delegado. Véase a propósito la nota siguiente.

70 Respecto a las citas relativas a este proceso de revisión dirigido contra la tesis de que la delegación sea siempre construible como autorización del delegante

otras está simplemente *facultado,* o, según la terminología mayormente empleada, *autorizado* para cumplir la *traditio* al tercero por cuenta del delegante. Este contraste, relativo a un punto que tiene importancia decisiva para la comprensión del fenómeno delegatorio, depende de la distinta solución que se adopte a propósito de la naturaleza jurídica y de la función atribuible a la declaración de delegación: sobre tales cuestiones, por tanto, es menester detenerse.

17. La doctrina, al delinear la figura de delegación de pago, quizá se ha dejado guiar de modo excesivo por la teoría de los títulos de crédito, la cual asigna una función esencial, que no es aquí el caso de valuar, a la declaración con que el emitente determina la *incorporación* (como se dice) de un crédito al *documento*[71]. Por esto se ha tratado de asignar a la invitación que el delegante dirige al delegado un papel correspondiente al que, en el caso de los créditos cartularios, lleva a cabo la declaración del deudor contenida en el «título»[72]. Prescindiendo de toda consideración

---

al delegado, véase PELLIZZI, «Fallimento del delegante e succesiva esecuzione del "iussum"», cit., en *Riv. dir. civ.*, 1958, I, páginas 552 y sgts., en las notas 34, 36, 38 y 110; y en el mismo sitio también, en la nota 18, un vasto panorama de las orientaciones doctrinales y jurisprudenciales a propósito de la estructura de la delegación como negocio único o pluralidad de negocios. Véase también, por último, GRECO, voz *Delegazione,* en *Novissimo Digesto italiano,* V, Turín, 1960, págs. 332 y sgts.

71 El paralelismo de la construcción de la delegación con la de los títulos de crédito encuentra también explicación en el hecho de que, frecuentemente, la declaración de delegación, no distintamente de la declaración cartular que da vida a la obligación resultante del título, está contenida en un documento dejado al beneficiario y destinado a ser presentado por este último al delegado (esto aparece más claro en las expresiones alemanas *Anweisung* y *Anweisungsempfänger,* que en las nuestras correspondientes, delegación y delegatario, de las cuales emerge sobre todo la invitación dirigida directamente por el delegante al delegado).

72 Con esto no se quiere en modo alguno sostener que en la base de los títulos de crédito, y en particular de la letra de cambio, no deba reconocerse el fenómeno delegatorio (*delegatio solvendi* respecto al giro bancario y *delegatio promittendi* respecto a la letra de cambio; cfr. PELLIZZI, *Contributo allo studio dell'assegno bancario,* cit., págs. 34 y sgts., el cual justamente subraya la configuración unitaria de la letra en sus subespecies, representadas por la letra de cambio y el giro bancario): pero se quiere afirmar que tal fenómeno puede dar razón sólo

crítica contra la tentativa de volver al romano *iussum,* término que no parece en absoluto empleado en las fuentes con el significado técnico que se pretendería atribuirle[73], es menester observar que la declaración de delegación explica una función exclusivamente en el plano *interno* de las relaciones entre delegante y delegado, del cual es indispensable mantener netamente separado el plano *externo,* que se agota en la ejecución de la *traditio* del delegado al delegatario.

La necesidad de neta distinción entre los dos planos no es siempre claramente advertida o respetada, de modo que, muchas veces, la doctrina oscila peligrosamente al determinar el valor de la declaración de delegación, ora refiriéndose a la relación de cobertura, ora refiriéndose a la prestación del delegado al delegatario. Se debe, sin embargo, recordar que tal prestación no está, ni efectuada para dar actuación a una relación que medie directamente entre el *tradens* y el *accipiens,* ni está acompañada por un negocio causal que justifique la atribución establecida: justificación ofrecida, en cambio, por las dos relaciones básicas, dada la escisión consentida por el legislador entre las *causae dandi* y *accipiendi.*

La estructura del mecanismo delegatario, por tanto, está delineada a través de tres elementos que conservan siempre plena autonomía: la relación interna entre delegante y delegado (cobertura), la relación interna entre delegante y delegatario (valuta), la ejecución de la prestación por el delegado al delegatario. De esto deriva, me parece, que la declaración de delegación no puede más que desenvolver una sola función, esto es, la relativa a la relación interna de cobertura: no parece compartible, por tanto, la orientación que asigna a la delegación el valor de un momento esencial de la atribución hasta el punto de entender que, cuando

de los aspectos internos extracartularios, de modo que no se debe intentar reconstruir la delegación sobre la falsilla de cuanto viene tomando en consideración el valor *cartular* del documento.

73 En efecto, en las fuentes se habla de *iussum* (el término se encuentra empleado casi siempre en ablativo, esto es, para indicar la razón que ha impulsado al *solvens* a ejecutar la *traditio*) en el significado genérico de *encargo,* expresión que, en el lenguaje común, comprende también la hipótesis de mandato todavía no aceptado.

falte, la prestación del *tradens* esté sin más injustificada respecto a entrambas relaciones internas y, por tanto, repetible directamente frente al *accipiens*[74].

Viceversa, si es de admitir que la falta de la declaración de delegación, privando de justificación a la *traditio* respecto a la relación de cobertura, determina casi siempre la repetibilidad entre delegado y delegatario, debe resaltarse que esto no depende del pretendido carácter esencial de la delegación, sino de la aplicación del principio de la denominada «nulidad de la doble causa» (art. 1271, párrafo 2.°)[75]. En efecto, casi nunca se da una

---

74 Cfr. BIGIAVI, «Falso nella firma del delegante e del traente», en *Riv. dir. comm.*, 1938, I, págs. 365 y sgts. (vuelto a publicar en *La delegazione,* cit., págs. 349 y sgts.); BETTI, *Teoria generale del negozio giuridico,* cit., pág. 206; MARTORANO, *Il conto corrente bancario,* Nápoles, 1955, páginas 88-89. Así también mi «Ademprimento del terzo e delegazione di pagamento», en *Temi,* 1958, pág. 576, donde se añadía, sin embargo, que «el problema sería reexaminado en el cuadro general de un estudio dirigido a precisar la estructura negocial de las diversas fases en que se descompone la delegación» (pág. 577, nota 15).

75 De nulidad de la doble causa se habla con la ayuda de las fuentes romanas (D. 30.5.2.4; 44.4.7.1), de las cuales resulta que Giuliano y Ulpiano, en caso de inexistencia de entrambas relaciones básicas, concedían al delegado que hubiese asumido la obligación hacia el delegatario, la *exceptio doli* o, sin más, la *condictio liberationis.* También nuestro Código contempla el principio con referencia sólo a la *delegatio promittendi,* pero, respecto a la ya citada identidad de estructura, no debería dudarse de la aplicabilidad del artículo 1271, párrafo 2.°, la hipótesis de *delegatio solvendi.* Es oportuno subrayar también la impropiedad de la expresión «*nulidad* de la doble causa»; el artículo 1271, en efecto, precisa que, cuando sea nula la relación de valuta, el delegado puede oponer al delegatario «*las excepciones* que habría podido poner al delegante». Por tanto, los presupuestos para la aplicación de norma son la nulidad de la relación de valuta y la simple excepcionabilidad de la relación de cobertura (en el mismo sentido, cfr. U. MIELE, «Delegazione. Delegazione titolata», en *Nuova riv. dir. cornm.,* 1949, II, 60). No me parece, en cambio, que el mismo principio sea aplicable al caso de nulidad de la relación de cobertura y de simple excepcionabilidad de la relación de valuta: el carácter instrumental de la relación de cobertura respecto a la actuación de la relación de valuta (sostenido en el texto en consideración a los intereses que determinan el acudir al instituto de la delegación y confirmado por diversos presupuestos a los cuales está condicionada la «titulación» respecto a las relaciones básicas; «Pacto», por lo que respecta a la relación de cobertura, artículo 1271, párrafo 2.°; «expresa referencia», por lo que respecta a la relación de valuta, artículo 1271, párrafo 3.°), induce a mantener en los límites expresamente fijados la excepción a la regla

situación respecto a la cual la prestación del delegado sea idónea para determinar al menos la actuación de la relación de valuta, no obstante la falta de toda iniciativa hacia el delegado por parte del sujeto que debería funcionar de delegante. Pero cuando la *traditio,* ejecutada «por cuenta» del delegante, encuentre una justificación en la relación de valuta a base de una *iusta causa* acordada entre delegante y delegatario, no me parece dudoso que éste no esté obligado a restituir la prestación al *tradens* (el cual podrá, por tanto, pretender la restitución sólo del delegante): todo esto aunque el delegante no haya dirigido declaración alguna al delegado, ni siquiera valiéndose del delegatario como *nuncius*[76].

---

de la insensibilidad de la prestación final a los vicios de las relaciones básicas. En contra GRECO, voz *Delegazione,* en *Novissimo Digesto italiano,* cit., núm. 9.

76 Una hipótesis semejante parece indudablemente de difícil realización, pero no por esto se la debe considerar imposible. Piénsese, en efecto, en este ejemplo: un comprador (Ticio) se pone de acuerdo con el vendedor (Sempronio) en el sentido de que el pago de la mercadería será efectuado en un cierto plazo por un deudor suyo (Cayo), al cual él dará oportunamente la orden de ejecutar la prestación; Ticio, en cambio, no provee a dar orden alguna a Cayo el cual, que ha venido a saber *por casualidad* (esto es, ni por comunicación de Ticio ni por comunicación de Sempronio como *nuncius* de Ticio) el contenido del acuerdo entre Ticio y Sempronio, se presenta *espontáneamente* a este último y efectúa el pago «por cuenta» de Ticio, convencido de actuar de tal modo según las directrices de su acreedor (y, por tanto, sin hacer referencia ni tener la intención de cumplir la obligación de Ticio). No hay duda alguna de que la prestación, efectuada por Cayo sin haber recibido *autorización* alguna del acreedor, no determina la automática extinción de la obligación de Cayo hacia Ticio, en cuanto que ésta no ha sido válidamente elevada al papel de cobertura de la operación. Pero el problema interesante nace cuando Cayo haya pagado sin ser deudor de Ticio o a base de una relación que de algún modo resulte inválida. En tal caso, ¿tiene Cayo el derecho de repetir la prestación contra Ticio, su pretendido acreedor, o contra Sempronio? Es una cuestión que puede adquirir relevante importancia: baste pensar en la hipótesis de insolvencia de Ticio. En la litis entre Cayo y Sempronio, el primero hará valer la inexistencia de la delegación, el segundo la validez de la relación de valuta. La doctrina, partiendo de la consabida esencialidad de la referencia al *iussum* y de su necesaria validez, debería dar la razón al primero. En mi opinión, en cambio, parece cierta la preferencia de conceder al segundo, que ha recibido, en la actación de una válida relación, una válida prestación, y que no está obligado a controlar cuáles sean las relaciones internas entre delegante y delegado. En

Para concluir sobre este punto, la declaración de delegación es, por tanto, necesaria solamente para justificar la prestación del delegado al delegatario respecto a la relación de cobertura: la restitución del pago no puede, por esto, ser pretendida por el delegado contra el *accipiens* cuando la *traditio* sea idónea para actuar al menos *una* de las relaciones básicas, y, por tanto, también en la hipótesis de falta o nulidad del denominado *iussum* del delegante.

18. Aclarado que la delegación desenvuelve una función únicamente respecto a la relación interna entre delegante y delegado, es menester ahora afrontar el más delicado problema de su naturaleza jurídica. A tal fin es indispensable recordar que el delegado, efectuando la *traditio* al delegatario «por cuenta» del delegante, sufre una pérdida que no encuentra justificación alguna en sus relaciones con el *accipiens*. La prestación, en efecto, no es ejecutada por el delegado para establecer una atribución a favor del delegatario, sino para establecer una atribución a favor del delegante, permitiendo éste dar actuación, por medio de la *traditio* efectuada por el delegado, a una relación de valuta con el *accipiens*. De aquí deriva la necesidad de encontrar en la relación interna entre delegante y delegado la justificación causal de la pérdida sufrida por este último. Faltando tal justificación, el *tradens* tiene derecho a pretender la restitución por el delegante o bien —cuando la prestación no sea ni siquiera idónea para actuar la relación de valuta— por el *accipiens*.

Me parece claro, por tanto, que la atribución establecida por el delegado a favor del delegante exige encontrar, en las relaciones internas entre ellos, una justificación causal no distinta de

---

conclusión —me parece— lo que cuenta, al efectuar la delegación, es el actuar *por cuenta* del delegante, no el hacer referencia a una «orden» suya (como se dice, en cambio, comúnmente, teniendo presente sólo el caso de la delegación contenida en un documento a exhibir al delegado). Pero el actuar por cuenta es una modalidad externa de la acción, que no tiene nada que ver ni con la existencia, ni con la validez de la pretendida declaración unilateral autorizativa: ésta, por tanto, bien lejos de regir la interna operación delegatoria, tiene solamente la limitada función de determinar entre delegante y delegado la relación apta para justificar internamente la atribución que el delegado efectúa a favor del delegante prestando por su cuenta al delegatario.

la que es necesaria cuando la *traditio* es efectuada, no al tercero, sino al mismo titular de la relación: no es admisible, en efecto, que se requieran justificaciones causales distintas según que la *traditio* sea efectuada directamente en manos del delegante o, por cuenta de éste, en manos del delegatario.

A la declaración de delegación, por tanto, debe ciertamente asignársele el cometido de contribuir a la determinación de la *iusta causa* de la atribución que el delegado, al ejecutar la prestación al delegatario, establece a favor del delegante. Por esto no se puede sino quedar sorprendidos ál advertir que la orientación prevalente asigna carácter *unilateral* a la declaración dirigida por el delegante al delegado, orientación que se explica solamente con la peligrosa tendencia, ya señalada, de delinear la teoría de la delegación en perfecta simetría con la de los títulos de crédito. Dejando aparte la fascinación de semejantes simetrías, es menester subrayar que en nuestro ordenamiento, como es bien notorio, las *iustae causae* de una atribución están representadas, en general, por negocios de estructura *bilateral* y no unilateral.

La doctrina, considerando la iniciativa del delegante como una autorización para ejecutar la prestación al delegatario, no está, en mi opinión, en situación de ofrecer una explicación satisfactoria de los efectos que determina la ejecución de la prestación sobre las relaciones entre delegante y delegado[77]. Piénsese, por

---

77 La investigación vendrá desenvuelta sólo con referencia a la *delegatio solvendi:* nótese, sin embargo, que la insuficiencia de la unilateralidad de la delegación, para explicar la influencia, que la obligación asumida hacia el delegatario o el pago efectuado a este último ejercita sobre la relación delegante-delegado, vale *a fortiori* en caso de delegación para prometer. Sin decir más, piénsese en el absurdo, ya señalado (cfr, Auletta, recensión a «La delegazione» de Bigliavi, en *Ann. dir. comp.,* XV, 1941, página 465), de dejar sin tutela al delegado que haya asumido la obligación hacia el delegatario creyéndose erróneamente deudor del delegante: absurdo del cual ciertamente no se escapa admitiendo que el delegado pueda en tal caso ser sin más exonerado de la obligación hacia el delegatario, en contraste con los principios de la abstracción delegatoria. No queda, por esto, sino conceder al delegado una acción contra el delegante para procurarse, antes del pago, los fondos necesarios para efectuar la *solutio* al delegatorio (así, sobre las huellas de Auletta, también Pellizzi, *op. cit.,* en *Riv. dir. civ.,* 1958, II, pág. 588, nota 110): pero entonces ¿cómo puede todavía defenderse la tesis del carácter unilateral de la delegación?

ejemplo, en el caso más común, esto es, aquel en que el delegado es un deudor del delegante: la teoría de la autorización no alcanza, en esta hipótesis, a dar la razón del hecho de que, frecuentemente, la prestación al delegatario produce la *automática* extinción del debido precedente[78]. Para explicar tal automática repercusión del pago al delegatario sobre la obligación del delegado hacia el delegante, se sostiene que la declaración autorizativa no comporta solamente —según el significado literal de la expresión— una aprobación preventiva del acto cuyo cumplimiento ha sido autorizado, sino además una «anticipada asunción de los efectos onerosos que deriven a cargo de la persona autorizada»[79].

78 Cfr. D. 50.17.180: *quod iussu alterius solvitur, pro co est, quasi ipsi solutum esset.* El código alemán ha sancionado legislativamente el principio (§ 787), estableciendo que en caso de *Anweisung auf Schuld* el delegado es automáticamente liberado de su deuda hacia el delegante en la medida en que efectúa la prestación al delegatario (y recuérdese cómo también el BGB no pone a cargo del delegado, aun cuando sea deudor del delegante, la obligación de dar ejecución al *Anweisung).* Precisamente a este efecto automático, además de a la falta de las *actiones mandati,* apelaba SALPIUS, *op. cit.,* págs. 48 y sgts., para negar la posibilidad de explicar la delegación recurriendo a la idea de un mandato entre delegado y delegante. En efecto, la ejecución del mandato debería de terminar sólo la adquisición de un crédito a favor del mandatario contra el mandante, extinguible mediante sucesiva compensación con un eventual crédito de este último; la prestación al delegatario, en cambio, determina automáticamente la extinción del crédito del delegante hacia el delegado.

79 BETTI, *Teoria generale del negozio giuridico,* cit., pág. 581, el cual entiende que toda autorización atribuye al autorizado «un poder de disposición sobre derechos del autorizante o de ingerencia en su esfera jurídica» y que, en el caso específico de la delegación, la autorización del delegante vale para conferir al autorizado «el poder de extinguir el crédito del autorizante pagando en manos del tercero». No sabré oponer a esta última tesis crítica mejor que la ya desenvuelta por V. WOLFF, *Zur Lehre von der Anweisung, in Jherings Jahrbücher,* 84, 1934, pág. 110: «el concepto de autorización respecto a la declaración al asignado no me parece satisfactorio, porque no se comprende qué poder de disposición vendría transferido al asignado. Se puede pensar solamente en la hipótesis en que el asignado sea deudor del asignante, porque solamente en esta hipótesis el asignado tiene un trozo de patrimonio del asignante de que disponer; pero también en tal hipótesis es erróneo decir que el deudor está autorizado para disponer del crédito, porque, pagando a la persona indicada por el acreedor, no dispone del derecho de crédito más que cuando disponga de éste pagando al acreedor».

Es fácil replicar, no obstante, que de tal modo no se demuestra en modo alguno por qué la prestación al delegatario determina la *automática* extinción del crédito del delegante hacia el delegado[80] y no, en cambio, la constitución, a favor de este último, de un contracrédito que provoque la extinción de la precedente relación obligatoria solamente mediante compensación[81] (siempre que, bien entendido, no subsistan sus presupuestos). Es menester poner de relieve, en efecto, que la declaración de delegación

---

80 Es notorio cómo la doctrina va a encontrarse con las mismas dificultades cuando trate de justificar sobre la base del concepto de autorización los efectos dispositivos del acto de un no legitimado (cfr., por último, CARRARO, voz «Autorizzacione», en *Novissimo Digesto italiano,* I, 2, Turín, 1957, págs. 1578 y sgts.). Por lo demás, mientras normalmente aquí se basa sobre una declaración autorizativa dirigida a un *extraño* (en nuestro caso debería, por tanto, ser dirigida al delegatario: autorización para cobrar con efecto vinculante para el acreedor), en el caso de la delegación se hace, en cambio, con sometimiento a una autorización dirigida al mismo deudor, esto es, a una parte de la relación sobre la cual deben venir a incidir los efectos del acto autorizado. No se alcanza, sin embargo, a comprender a qué cosa estaría autorizado el delegado: no simplemente a ejecutar una prestación a favor del delegatario porque para hacer esto no tendría necesidad de autorización alguna; por tanto, solamente, a efectuar una prestación que produzca efectos reflejos sobre el patrimonio del delegante: pero esto no puede ser el resultado de una *autorización,* esto es, de una declaración unilateral.

81 Esta solución es justamente considerada inadmisible por BIGIAVI, *La delegazione* cit., pág. 152 y sgts. A cuyas exactas observaciones se puede ulteriormente añadir que, negando la automática eficacia solutoria del pago al delegatario sobre la relación interna delegante-delegado y reconduciendo la extinción de la obligación del delegado hacia el delegante al surgir un contracrédito seguido de compensación, devendría inaplicable (aparte el principio contenido en el artículo 2036, al cual se refería BIGIAVI) también el artículo 2034, relativo a la irrepetibilidad del pago de una obligación natural, con la extraña consecuencia de que el delegado no puede repetir si cumple la deuda natural en manos del delegante, mientras que puede repetir si cumple en manos del delegatario. El demostrar que la automática eficacia extintiva de la relación de cobertura no es justificable recurriendo al concepto de mandato, no legitima, sin embargo, la conclusión de que la delegación sea un negocio unilateral, como si no existieran otros negocios de estructura bilateral en situación de dar razón de aquel efecto. Se explica así por qué la tesis de BIGIAVI, probante bajo el aspecto negativo, pero no bajo el positivo, haya continuado desatando perplejidad (véase la amplia literatura citada en PELLIZZI, *op. cit.* en *Riv. dir. civ.,* 1958, II, pág. 568, nota 41).

no es necesaria para desplazar a cargo del delegante una consecuencia que de otra manera se verificaría en el patrimonio del delegado, sino más bien para justificar cómo nunca por el pago al delegatario, esto es, a un tercero extraño a la relación, derive la extinción de la obligación del delegado: esto es, una consecuencia que la prestación efectuada por el delegado al delegatario no sería idónea, de por sí, para provocar[82]. Una declaración unilateral del delegante, por tanto, no puede bastar para dar razón de las repercusiones determinadas sobre relaciones internas entre delegante y delegado por la *traditio* efectuada al delegatario (salvo que, tratándose de delegación «sobre débito», encuentren aplicación «los usos contrarios» a que se refiere el artículo 1269, párrafo 2."[83], cuyo caso no contrasta en modo alguno con las tesis sostenidas en estas páginas acerca de la necesidad de que la prestación efectuada al delegatario esté justificada, en la relación interna, por una obligación del delegado hacia el delegante).

19. En demostración de esto, piénsese en una *autorización,* dirigida por el acreedor al deudor, para que éste ejecute en las mismas manos del acreedor una prestación distinta de la debida. Si el deudor efectúa esta distinta prestación, son admisibles solamente dos hipótesis: o entre las partes se ha concluido un *contrato* que constituye *iusta causa* de la adquisición del *accipiens,* y entonces la adquisición está justificada (normalmente se trata de un acuerdo para considerar la prestación del *aliud* equivalente a la prestación debida[84], de modo que, efectuada la *traditio,*

82 Análoga observación en AURICCHIO, voz *Autorizzazione,* en *Enciclopedia del diritto,* IV, Milán, 1959, pág. 507, el cual, criticando la tesis que construye la autorización como fuente de obligaciones (contra tal construcción, pero a base de la referencia al artículo 1987, v., sin embargo, MENGONI, *L'acquisto «a non domino»,* Milán, 1949, pág. 49, y CARRARO, voz *Autorizzazione,* en *Novissimo Digesto italiano,* cit., pág. 1587), exactamente advierte: «La obligación de hacer entrar en el propio patrimonio los efectos del negocio celebrado por el autorizado presupone que los efectos se han verificado ya y no puede constituir, en cambio, la razón de su producción.»

83 Para un ejemplo corriente que determina la obligación del delegado (deudor del delegante) de pagar al tercero, cfr. MOLLE, «Gli atti di utilizzazione nell'apertura di credito», en *Banca, borsa e titoli di crédito,* 1957, I, página 502.

84 Respecto a la configuración de la dación en pago como acuerdo en que deudor y acreedor para atribuir a una prestación distinta de la debida el valor de

la obligación se extingue por efecto de una *datio in solutium*); o bien entre las partes no se ha perfeccionado contrato alguno, y entonces la obligación no se extingue y el deudor adquiere el derecho a la restitución. La pretendida autorización es, por tanto, en el primer caso, insuficiente, porque constituye, en realidad, la propuesta de un contrato, y en el segundo, inútil, porque la declaración unilateral del acreedor no es idónea para constituir *iusta causa* de la *traditio*.

Ahora bien, no hay razón para entender que, en materia de delegación, rijan otros principios. También en el caso de que el deudor, recibida la autorización del acreedor, ejecute el pago a un tercero —esto es, efectúe una prestación que, distinta de la debida bajo el aspecto *subjetivo*, sea, sin embargo, igual desde el punto de vista objetivo— se debe decir que son admisibles sólo dos hipótesis: o se ha perfeccionado un contrato del que deriva la *iusta causa* de la atribución que, al ejecutar la *traditio* en manos del delegatario, el delegado efectúa a favor del delegante, y entonces, en las relaciones entre estos últimos, se verifican los efectos del contrato concluido (esto es tratándose de delegación «de deuda», la automática extinción de la preexistente obligación del delegado); o bien aquel contrato no se ha perfeccionado, y entonces la atribución operada por el delegado al delegante es, entre ellos, *sine causa*, de modo que el *tradens* puede pretender su restitución[85] (a menos que la prestación no esté justificada ni si-

---

equivalente frente a la exacta realización de la prestación debida, cfr. ALLARA, *La prestazione in luogo di adempimento*, Palermo, 1927, págs. 40 y sgts., y *Le fattispecie estintive*, cit., págs. 137 y sgts., 160 y 167. Toda doctrina, por lo demás, está de acuerdo sobre el carácter contractual de la *datio in solutum*.

85 Limitando la delegación a una exclusiva función sobre el plano interno, entre delegante y delegado, disminuye el más grave motivo de preocupación contra la tesis que, negando su carácter unilateral, considera a la delegación elemento de un más complejo negocio (en mi opinión, no obstante, bilateral, y no plurilateral, como quisieran los mantenedores de las concepciones unitarias de la delegación): esto es, la preocupación que los eventuales vicios de la declaración de aceptación del delegado hacia el delegante repercutan en daño del delegatario. Respecto a este último permanecen en todo caso extraños, como *res inter alios actae*, los acuerdos intermediantes entre delegante y delegado: si el delegatario encuentra en la relación de valuta una *iusta causa* de la adquisición obtenida mediante la prestación del delegado, le es indiferente la

quiera entre delegante y delegatario, en cuyo caso el *tradens* tiene derecho a obtener la restitución del *accipiens*, y no del delegante, a base del ya descrito principio de la nulidad de la doble causa).

El pretendido carácter autorizativo de la declaración del delegante se muestra, por tanto, totalmente insuficiente para explicar los efectos que la prestación ejecutada por el delegado al delegatario producen sobre las relaciones internas del *tradens* con el delegante. Las mismas observaciones, sin embargo, podrían repetirse respecto a las demás tesis que asignan carácter unilateral a la declaración del delegante. Por lo demás, es sintomático que la teoría de los títulos de crédito, en particular la cambiaría, para justificar la influencia ejercida por la prestación del delegado al delegatario sobre las relaciones básicas, recurra a los conceptos de «*convención ejecutiva*» y de «*contrato* de expedición o de transmisión»[86], no contentándose, fuera del plano cartular, con la sola declaración del emitente.

20. En sustentación del carácter unilateral de la delegación, la doctrina se refiere sobre todo al hecho de que del denominado *iussum* deriva respecto al delegado una simple *facultad* de ejecutar la invitación del delegante[87]. Prescindiendo de resaltar cómo

validez no solamente de la aceptación del delegado, sino también de la misma declaración de delegación dirigida por el delegante al delegado.

86 Sobre estas figuras y sobre su idoneidad para justificar la influencia de la obligación y del pago cambiario en orden a las denominadas relaciones fundamentales, véase, últimamente, el amplio y agudo estudio de SANTINI, *L'azione causale net diritto cambiario*, Padua, 1955, págs. 249 y siguientes, el cual justamente observa que ni uno ni otro de tales negocios comprenden todas las hipótesis de coligación entre la relación *ex titulo* y la extracartular, esto es, tanto en las hipótesis en las cuales la referencia a la cambial es utilizada para actuar relaciones precedentemente constituidas, como aquellas en que tal referencia es utilizada precisamente para constituir relaciones nuevas. Sobre la necesidad de un acuerdo entre emitente y tenedor para determinar la reacción de la relación cartular sobre la relación subyacente, cfr. además PAVONE LA ROSA, *Studi sulla polizza di carico*, Milán, 1958, pág. 75; íd., voz *Cambiale*, en *Enciclopedia del diritto*, V, Milán, 1959, págs. 846 y 852.

87 Es notorio cómo precisamente la falta de la *actio mandati directa* contra el delegado ha constituido una de las principales objeciones dirigidas por SALPIUS, *Novation und Delegation nach römischem Recht*, cit., páginas 55 y sgts., a la teoría, entonces dominante, que identificaba la delegación como un doble mandato.

el artículo 1269, párrafo 2.°, pone, a veces, a cargo del deudor la *obligación* de ejecutar la invitación del delegante, es menester observar que la doctrina, para limitar la relevancia de la delegación a la concesión de una facultad, ha mirado a la posición en que el delegado se encuentra por efecto de la declaración del delegante, la cual *por sí sola,* indudablemente, no determina la constitución de la obligación de prestar en manos del delegatario.

La libertad del delegado de «honrar» o no la invitación del delegante no es, sin embargo, distinta de la que existe antes de la conclusión de cualquier contrato, ya que de toda oferta contractual deriva la *facultad* del destinatario de perfeccionar la estipulación aceptando la propuesta. Por tanto, al determinar la naturaleza jurídica de la delegación, no se debe prestar atención a la situación en que el delegado se encuentra después de la sola iniciativa del delegante, esto es, antes de haber aceptado el encargo[88]. Y si el delegado parece encontrarse en una posición distinta de aquella de quien recibe una propuesta contractual, en cuanto, en el caso de delegación, frecuentemente, no es requerida y no parece necesaria una declaración de aceptación, esto depende exclusivamente del hecho de que la pretendida autorización del delegante, casi siempre, consiste en realidad en la propuesta de un contrato, cuyo cumplimiento «a petición del proponente deba

88 Cfr. BIAGIAVI, *La delegazione,* cit., págs. 143 y sgts., y Mengoni, *L'acquisto «a non domino»*, cit., pág. 49. Entiende, en cambio, que puede distinguirse entre autorización y propuesta de mandato CARRARO, «Contributo alla dottrina dell'autorizzazione», cit., en *Riv. trim. dir. e proc. civ.*, 1947, páginas 292 y sgts., y voz *Autorizzazione,* cit., en *Novissimo Digesto italiano,* I, 2, pág. 1578. Dejando aparte el caso delicado del mandato sin representación a las adquisiciones, que plantea el difícil problema constructivo de la eficacia del contrato concluido por el mandatario (problema sobre el cual últimamente, véase, de modo convincente, PUGLIATTI, «Rilevanza del rapporto interno nella rappresentanza indiretta», en *Riv. trim. dir. e proc. civ.,* 1958, págs. 801 y sgts.), y entendiendo, para sólo este caso, indudablemente exacta la posibilidad de interpretar la pretendida autorización como propuesta del sucesivo contrato dirigido a transferir al autorizante los efectos de la actividad libremente desarrollada por el autorizado, no veo, sin embargo, cómo tal posibilidad pueda ser invocada en caso de delegación, dado que al delegado no se le invita a desarrollar una actividad que produzca efectos directamente en su patrimonio, de modo que él sea después libre de transferir o no al delegante.

ejecutarse sin una previa respuesta» (art. 1327), y que se perfecciona, por esto, «en el momento y en el lugar en que ha tenido iniciación la ejecución», puede decirse por medio de ésta[89].

Para defender el carácter unilateral de la declaración del delegante, más que sobre la libertad del delegado de dar o no ejecución a la invitación, sería necesario, por tanto, fundarse en la demostración de que la influencia de la prestación, efectuada por el delegado al delegatario, frente a la relación de cobertura es justificable mediante una iniciativa sólo del delegante. Pero, para convencerse de lo contrario, es suficiente observar que no necesariamente el delegado, aunque sí dispuesto a honrar la delegación, está además dispuesto a aceptar que su prestación al delegatario produzca, en las relaciones internas con el delegante, los efectos que este último ha indicado: el delegado, al contrario, podría preferir que el pago efectuado al delegatario tenga por efecto, a veces, la adquisición a propio favor de un contracrédito hacia el delegante, en vez de la extinción del débito preexistente[90]. No se comprende, por tanto, por qué se debe conceder al

89 Nótese cómo la doctrina acaba por reconocer una *facultad* de liberarse prestando a un tercero, tanto para el caso de delegación como para el caso de la denominada autorización para recibir, con consiguiente ofuscación de la distinción entre las dos figuras. Sin embargo, en el caso de delegación, la pretendida *facultad* del deudor de liberarse prestando al delegatario es un reflejo del hecho de que el acuerdo constitutivo de la obligación de pagar a este último (y *sólo* a este último) no se ha perfeccionado todavía y puede perfeccionarse precisamente mediante la directa ejecución de la prestación; mientras que en el caso de la denominada autorización para recibir, la pretendida *facultad* del deudor de liberarse prestando a un tercero es un reflejo del carácter *alternativo* de la prestación debida (pago al acreedor *o bien* al autorizado), de modo que la facultad del deudor se agota al determinar la concentración de su obligación mediante la elección del destinatario del pago.

90 Piénsese, por ejemplo, en el caso en que el delegado, deudor del delegante a base de un contrato anulable, no intente dar ejecución a tal contrato a causa de su invalidez. En caso semejante, cuando el acreedor dirija a su deudor la invitación de efectuar el pago en manos de un tercero, parece cierto que el delegante pueda declararse dispuesto a efectuar la prestación para honrar el encargo del delegante y anticiparle así la suma pedida, excluyendo al mismo tiempo, sin embargo, que la prestación al delegatario sea considerada como efectuada en cumplimiento de la obligación naciente del contrato inválido: en consecuencia de una tal declaración, el pago al delegatario no determi-

delegante el poder de decidir unilateralmente qué efectos deban derivar, en las relaciones internéis con el delegado, de la prestación de éste al delegatario. El consentimiento del delegado, por tanto, parece verdaderamente indispensable[91].

---

naría la sanatoria del contrato inválido (art. 1444), de modo que se deban después valuar las repercusiones de la prestación sobre la relación interna delegante-delegado, en el caso de que, a su vez, el delegante no quiera aceptar la que debería considerarse una contraoferta del delegante.

91 Y en mi opinión es igualmente indispensable, para que la adquisición por parte del delegatario encuentre a su vez una *iusta causa* en la relación de valuta, reconocer que también entre delegante y delegatario debe intervenir un *acuerdo*. Esto es, no solamente me parece necesario adosar, a la iniciativa del delegante hacia el delegado, una fase impulsiva hacia el delegatario, sino también atribuir a tal fase naturaleza contractual, no reconduciéndola, por tanto, a una simple «autorización». En efecto, por lo que respecta al primer punto, reputo todavía insuperada la objeción aducida por v. TUHR, «Zur von Lehre der Anweisung», en *Jehrings Jahrbücher,* 48, 1904, págs. 29 y sgts., a aquellos que estimaban suficiente una declaración del delegante al delegado, esto es, la imposibilidad de dar cuenta, de tal modo, de las reacciones que produce la prestación efectuada por el delegado al delegatario sobre la relación de valuta (por lo demás, también la doctrina cambiaria recurre a los conceptos «convección ejecutiva», «negocio de expedición o de transmisión», etc., para explicar las repercusiones de la obligación o del pago cambiario tanto sobre la relación de cobertura como sobre la relación de valuta). Tampoco vale invocar, en demostración de la inutilidad de una declaración del delegante al delegatario, la facultad reconocida a quienquiera (art. 1180) de cumplir con la propia prestación una obligación ajena (en este sentido, ADLER, «Die Einvirkung der Wechselbegebung auf das kausale Schuldverhältnis», en *Zeitshrift f.d.g. Handelsrecht,* 64, 1909, pág. 164. nota 54; JUNG, «Erorterungen Zum deutschen bergerlichen Gesetzbuch und zu den Zivilgesetzentwurfen Ungarns und Bulgariens, III Anweisung und Vollmacht», en *Jerings Jahrbucher,* 69, 1920, páginas 87-88; FIORENTINO, «Appunti sulla delegazione», en *Riv. dir. priv.,* 1943, pág. 131), tanto porque la relación de valuta puede también no consistir en una preexistente deuda del delegante hacia el delegatario (BIGIAVI, *La delegazione,* cit., pág. 185), tanto, sobre todo, porque entre cumplimiento de la deuda ajena y pago al delegatario hay verdadera incompatibilidad (véase mi «Adempimento del terzo e delegazione di pagamento», en *Temi,* 1958, págs. 572 y sgts., y *retro,* págs. 46 y sgts.), encontrando el primero, al contrario del segundo, una justificación causal entre los mismos sujetos que establecen la prestación.

Por lo que respecta, pues, a la naturaleza jurídica de tal iniciativa del delegante hacia el delegatario, me parece que los mismos argumentos invocados en el texto en sustentación de la necesaria bilateralidad de la fase impulsiva

En sustentación, pues, de la necesidad de justificar a base de un contrato los efectos de la ejecución de la *traditio* al delegatario sobre las relaciones internas entre delegante y delegado, parece oportuno poner de relieve que el párrafo 2° del artículo 1269 prevé la *aceptación del encargo* por parte del delegado. Puesto que los negocios unilaterales, caracterizándose precisamente por la autonomía con que realizan su eficacia, no son susceptibles de aceptación, la declaración del delegado prevista por el artículo 1269, aun cuando fuese exacta la tesis que sostiene el carácter unilateral de la iniciativa de delegante, quedaría privada de significado.

Es necesario recordar, en fin, cómo respecto a la delegación «en descubierto» ha sido ya reconocido que los efectos de la prestación al delegatario sobre la relación interna deben remontarse a un contrato entre delegante y delegado[92]. Sobre la base de cuanto se ha dicho, no parece, sin embargo, que haya razón para llegar a diversa conclusión en el caso de que el delegante sea acreedor del delegado[93]: también en la delegación «de deuda»

---

entre delegante y delegado deben valer también respecto a la relación de valuta: no sería admisible conceder al delegante el poder de fijar unilateralmente las reacciones que la *acceptio* de la prestación efectuada por el delegado está destinada a provocar sobre la relación de valuta. El acuerdo entre delegante y delegatario, naturalmente, puede también perfeccionarse tácitamente por el hecho mismo de que el delegatario acepte la prestación que le es ofrecida por el delegado por cuenta del delegante: lo que explica cómo muchas veces pueda parecer que falte totalmente un acuerdo entre delegante y delegatario (especialmente cuando la misma propuesta del delegante no haya sido comunicada al delegatario separadamente, sino que deba entenderse implícita en la declaración del delegado).

92 Véase la límpida y agotadora demostración hecha por BIGIAVI, *La delegazione*, cit., págs. 154 y sgts.

93 Verdaderamente, para BIGIAVI (que escribía bajo la vigencia del código viejo) había una razón para diferenciar la solución según que la delegación fuese sobre deuda o al descubierto: recuérdese, en efecto, que BIGIAVI consideraba al delegado obligado sin más a hacer honor a la orden del acreedor de pagar en manos de un tercero, de modo que su aceptación le era totalmente superflua, lo mismo que en el caso de apoderamiento para el cobro. Pero, teniendo el nuevo Código sancionado, respecto a la delegación, el distinto principio de la libertad del deudor de negar la ejecución de la delegación de su acreedor, la aceptación de la invitación se presenta como indispensable, cuando no concu-

es de considerar indispensable el concurso de la voluntad del deudor-delegado, en cuanto sólo un *acuerdo* puede justificar la repercusión de la prestación final sobre las relaciones internas. Y si frecuentemente el delegante, y esto especialmente sobre todo en la hipótesis de delegación de deuda, no pide al delegado una aceptación expresa de la propuesta contractual contenida en la invitación de ejecutar la prestación al delegatario, quiere decir que la necesaria aceptación de tal propuesta resulta tácitamente del hecho mismo de haberle dado ejecución efectuando el pago al delegatario por cuenta del delegante.

21. Es menester fijar qué naturaleza debe reconocerse al contrato que ofrece, frente a la relación interna entre delegante y delegado, la justificación causal de la *traditio* efectuada al delegatario. Es de excluir, sobre todo, que la estipulación del contrato con el delegado sea querida por el delegante para hacer adquirir un derecho al delegatario frente al delegado: en caso contrario, la declaración del delegante no sería una «delegación», sino la propuesta de un contrato «a favor de terceros». La invitación del delegante, en cambio, es interpretada como propuesta de un contrato «con prestación al tercero», puede decirse de un contrato a base del cual la obligación del delegado de efectuar la prestación en manos del delegatario se constituye sólo a favor del delegante.

La doctrina, al ocuparse del papel desenvuelto por la declaración de delegación, suele distinguir entre delegación de deuda y delegación al descubierto, según que el delegante dirija la invitación a un deudor suyo o a un sujeto que no tiene ninguna obligación hacia él. El criterio diferenciador entre las dos hipótesis, sin embargo, no siempre está bien claro[94], especialmente por lo que respecta al caso en que, aun no existiendo relación alguna

rra la excepción prevista por el mismo legislador en el artículo 1269 («quedan a salvo los usos contrarios»). Cfr., en efecto, DALMARTELLO, Recensión al citado trabajo de BIGIAVI, en *Riv. dir. civ.*, 1943, págs. 119-120.

94 También sobre este punto es mérito de BIGIAVI, *La delegazione*, cit., págs. 158 y sgts., el haber aclarado el amplio significado atribuible al concepto de delegación sobre deuda. El hecho es que muchas veces se tiende a emplear la expresión «al descubierto» en sentido económico, esto es, para indicar que el delegado todavía no ha recibido una cobertura del pago al delegatario.

entre delegante y delegatario, la efectuación de una prestación al delegatario no represente el único objeto perseguido por el delegante, sino que se inserte en un más complejo resultado, que el delegante persigue mediante la estipulación del mismo contrato en el cual se ha previsto también la ejecución de la *traditio* al delegatario. Así, por ejemplo, cuando el delegante, dirigiéndose al delegado, le invite a anticiparle una suma de dinero entregándola a un tercero, está claro que el delegante no desea solamente obtener del delegado una actividad de cooperación para hacer llegar un bien a manos de un tercero, sino que desea, sobre todo, obtener la anticipación de la suma: de la aceptación de la invitación hecha por el delegante derivan, por tanto, además de la obligación de efectuar la prestación en manos del tercero, todos los efectos de la denominada «promesa de mutuo» (art. 1822), de modo que el delegado, efectuado el pago al delegatario, no podría pretender del delegante la inmediata restitución de la suma, sino que debería esperar hasta la terminación del término fijado convencionalmente, o en su falta, establecido por el juez (arts. 1817, 1183, párrafo 1.°).

Me parece por esto que la distinción entre delegación de deuda y delegación al descubierto no está precisada a base del incierto criterio de la preexistencia de una deuda del delegado al delegante, sino prestando atención al distinto contenido del resultado contractual que el delegante pretende conseguir con la petición al delegado de la ejecución de la *traditio* al delegatario. En consecuencia, la figura de la delegación al descubierto debe limitarse al caso en que la intención del delegante mire exclusivamente a asegurarse la actividad de cooperación necesaria para hacer llegar un bien al delegatario; se recae, en cambio, en la delegación de deuda cuando la declaración de delegación, si bien dirigida a un sujeto que no es deudor del delegante, está dirigida a realizar otros resultados, como, por ejemplo, obtener un mutuo, una donación y otros semejantes.

Nótese, no obstante, que la intención del delegante de procurarse la cooperación del delegado para hacer llegar el bien a manos de un tercero está siempre presente, incluso en la delegación de deuda, dado que si de delegación se trata, el delegante en todo caso propone al delegado realizar sus acuerdos a través de la ejecución de la prestación al delegatario[95]. La delegación de deuda, por tanto, difiere de la delegación al desr cubierto no en el sentido de expresar una *distinta* intención del delegante, sino en el sentido de que tal intención se dirige a la realización de un resultado más amplio, necesariamente comprensivo de aquel a cuya realización está reordenada la delegación al descubierto.

Precisada de tal modo la diferencia entre las dos hipótesis de delegación, parece indudablemente exacta la tesis que —en la hipótesis de delegación al descubierto— reconoce en la delegación una proposición de mandato[96]. El contrato que mira a asegurar al estipulante el derecho de pretender el cumplimiento de una actividad de cooperación de carácter jurídico por el deudor es precisamente el mandato. Ninguna importancia tiene, pues, el hecho de que se trate de un mandato cuya estipulación haya sido perfeccionada con una declaración de aceptación dirigida por el delegado al mandante (art. 1269) o bien directamente con la ejecución del encargo (art. 1327, párrafo 1.°); de un mandato respecto al cual «los medios necesarios para la ejecución» (art. 1719) hayan sido ya suministrados por el mandante o bien deban ser anticipados por el mandatario (que en tal caso tendría, no obstante, el derecho de pretender el inmediato reembolso); de un mandato revocable o irrevocable (arts. 1270, 1723), gratuito u oneroso.

22. Todavía, a propósito de la delegación al descubierto —si bien se trate de cuestiones proyectables también respecto a la delegación de deuda—, es menester poner de relieve que el haber encontrado en un contrato de mandato, por lo que respecta a la

95 La delegación, por tanto, conserva siempre la propia autonomía, aunque inserta en la propuesta de un contrato de mutuo, venta y otras semejantes. Y análogamente, perfeccionado el contrato con la aceptación del delegado, es necesario siempre considerar el contenido típico del contrato concluido de modo separado de la cláusula en la que prevé la ejecución mediante el pago al delegatario: no distintamente, por lo demás, de cuanto se dice a propósito de la previsión contractual de la emisión de una cambial para el pago de la deuda naciente del contrato mismo.

96 BIGIAVI, *La delegazione,* cit., pág. 154, contra MICCIO, «Delle obbligazioni in generale», en *Commentario del codice civile,* Turín, 1957, el cual, sin embargo, no aporta en demostración de su distinción argumentos de relieve.

relación interna entre delegante y delegado, la *iusta causa* de la prestación al delegatorio podría no parecer todavía elemento suficiente para justificar la tesis para cuya demostración se ha desarrollado todo este amplio estudio sobre la delegación: es decir, la tesis de que el delegado, al prestar al delegatario, cumple siempre una *obligación* que tiene por destinatario del pago un tercero. Y en verdad, se podría objetar que sólo cuando la aceptación del mandato precede a la ejecución se constituye efectivamente una *obligatio tradendi* a cumplir en manos de un tercero, mientras que cuando el delegado ejecuta sin previa aceptación la prestación al delegatario, no es el caso de hablar de una *obligación* de pagar al tercero, desde el momento, en que antes de la ejecución, la pretendida obligación del delegado no existe todavía, y no puede llegar a existir una vez que se haya efectuado la ejecución.

Esta relevancia, a primera vista persuasiva, no es fundada, porque se basa en un razonamiento exacto si referido al plano de la *eficacia* del contrato, que reviste el carácter ideal de los fenómenos del mundo jurídico[97], pero equivocado si aplicado al plano de la *ejecución* del contrato, que reviste el carácter material de los fenómenos del mundo natural. Ciertamente, debe estimarse inaceptable, por tanto, la tentativa de interponer entre un negocio y su eficacia la inútil pantalla de una obligación que tenga como contenido la realización de aquellos efectos que, en realidad, el negocio es idóneo para determinar automáticamente: y así, en particular, debe ciertamente estimarse inaceptable la tesis que, desdoblando arbitrariamente la intención negocial manifestada por las partes, quiere reconocer en los contratos de eficacia real una ficticia fusión entre una estipulación constitutiva de obligaciones y un acto bilateral de eficacia traslativa concluido en cumplimiento de la obligación naciente del contrato obligatorio[98].

Este razonamiento no puede repetirse, sin embargo, si se mira, más que a la eficacia del contrato, a su ejecución: es menes-

97 «Los denominados "efectos jurídicos", siendo el producto de una valuación jurídica, son una creación del espíritu humano» (Betti, *Teoria generale del negozio giuridico,* cit., pág. 3).

98 Se trata de la conocida tesis sostenida por Gorla, sobre la cual cfr. *retro,* pág. 24, nota 8.

ter reconocer, al contrario, que la intermediación de una obligación entre el contrato y su actuación, más que admisible, es indispensable. Téngase, en primer lugar, presente que la expresión «ejecución del contrato», aun cuando empleada muy frecuentemente, es impropia y elíptica, porque el contrato pertenece al plano de los supuestos, y los actos jurídicos, una vez perfeccionados, no son susceptibles de una ulterior «ejecución». Se da ejecución, por tanto, no al contrato, sino a las obligaciones que del contrato derivan. La intención de las partes, por la cual son determinados los efectos contractuales, está, en efecto, dirigida a la realización de un cierto resultado práctico: respecto a la medida en la cual este resultado puede estar conseguido a través de la directa producción de efectos jurídicos, el legislador satisface sin más las finalidades a las cuales está preordenado el negocio, haciendo derivar automáticamente tales efectos; pero cuando, como sucede las más de las veces, la realización del resultado querido por los contratantes requiere que se verifiquen modificaciones del mundo natural, el legislador puede solamente predisponer la constitución de instrumentos idóneos para permitir su consecución[99]: a las obligaciones, por tanto, y no al contrato que representa su fuente, está referida la actividad ejecutiva.

Desde el momento en que el contrato se perfecciona precisamente a través de la ejecución, debe entenderse[100], por tanto, que al comportamiento de ejecución le es atribuida la doble función de perfeccionar y —en un momento lógicamente, si bien no siempre cronológicamente, sucesivo— de ejecutar el contrato[101]. Sin embargo, un contrato es susceptible de ejecución sólo en cuanto tenga eficacia constitutiva obligatoria; deriva de esto que puede considerarse *ejecutivo* de un contrato sólo un comportamiento valuable como cumplimiento de las obligaciones nacientes del

---

99 Sobre la contraposición entre negocios de eficacia directa y negocios de eficacia instrumental (elaborada por ALLARA) véase *retro*, pág. 15, nota 22.

100 Esto ha sido exactamente puesto de relieve por CAMPAGNA, *I «negozi di attuazione» e la manifestazione dell'intento negoziale*, cit., páginas 212 y sgts., criticando la tesis que reconoce un negocio de actuación en el comportamiento ejecutivo del cual deriva el perfeccionarse el contrato.

101 En efecto, un comportamiento puede cualificarse *ejecutivo* de un contrato únicamente en cuanto se refiera a un contrato ya concluido.

contrato, aun cuando el comportamiento sirva al mismo tiempo para perfeccionar la estipulación[102].

Volviendo a la delegación al descubierto, no hay, por tanto, ninguna dificultad en admitir que la prestación efectuada por el delegado en manos del delegatario deba siempre considerarse pago de una obligación hacia el delegante, tanto si la prestación ha sido precedida de la aceptación de la propuesta de mandato contenida en la delegación, cuanto si el contrato de mandato se perfecciona directamente con la ejecución de la invitación del delegante[103]. La *traditio* efectuada al delegatario, para concluir sobre este punto, no siendo un efecto jurídico, no puede encontrar otra justificación que a través de la intermediación de una obligación.

De cuanto precede resulta, me parece, la verdadera razón de las oscilaciones doctrinales al delinear la distinción entre delegación «de deuda» y delegación «al descubierto»: puesto que se entiende que la prestación al delegatario pueda, a veces, no constituir, respecto al delegado, el cumplimiento de un acto *debido,* se siente la necesidad de distinguir según que la relación interna entre delegante y delegado esté representada o no por una obligación (la «cobertura»). Viceversa —una vez demostrado que una deuda del delegado, aunque esté constituida en el momento mismo en que es efectuada la *traditio* al delegatario,

---

102 Cfr. CAMPAGNA, *op. cit.,* pág. 217, nota 14, el cual nota que la ejecución del contrato, en los casos en que sirve para perfeccionarlo, «por una parte manifiesta la intención de aceptar, por otra constituye la puntual ejecución *de una relación obligatoria inmediatamente instituida* entre las partes por virtud de la mera manifestación de la intención contractual» (la cursiva es mía). Véase, además, DALMARTELLO, *I contrati delle imprese commerciali,* Padua, 1958, pág. 108, que, no obstante, parece comprender en la fase ejecutiva también la realización de la eficacia del contrato.

103 No se puede, por tanto, compartir lo que escribe PELLIZZI, *op. cit.,* en *Riv. dir. civ.,* 1958, II, pág. 575: «Es superfluo precisar como "obligación" de ejecutar el *iussum* y "deuda" sean conceptos distintos independientes: puede darse deuda sin obligación (art. 1269), y obligación sin deuda (obligación asumida convencionalmente de ejecutar delegaciones al descubierto).» Me parece, en efecto, que también la obligación a la que se refiere PELLIZZI es una deuda, de modo que, en el ejemplo dado de obligación sin deuda, falta una deuda preexistente y distinta respecto a la de cumplir al delegatario, pero no falta una obligación.

es siempre necesaria para justificar la atribución operada a favor del delegante—, resulta clara la impropiedad de la terminología tradicional: ésta, en efecto, parece implicar, por un lado, que en la delegación «al descubierto» falte toda relación jurídica justificativa de la atribución operada por el delegado al delegante; por otro, que la delegación «de deuda» se caracterice por la existencia de una relación obligatoria en la relación interna.

Hechas estas precisiones, se puede también conservar, queriéndolo, el significado usual del término cobertura, y no recomprender en él, por tanto, en caso de delegación al descubierto, la obligación naciente del mandato: lo importante es tener presente que en todo caso (de otro modo la atribución del delegado al delegante sería *sine causa* y, por tanto, repetible) la prestación al delegatario constituye cumplimiento de una obligación que tiene a un tercero como destinatario del pago.

23. En el caso de delegación de deuda se deben distinguir tres hipótesis. La primera se da cuando la declaración unilateral del delegante, dirigida a un deudor, es suficiente, por efecto de los «usos» a que se refiere el artículo 1269, para hacer nacer la obligación de efectuar en manos del delegatario la prestación debida. La segunda se da cuando la declaración de delegación, si bien dirigida a un deudor, no hace surgir en el delegado obligación alguna antes de una aceptación suya, expresa o tácita, de la invitación. La tercera, en fin, se da cuando la declaración de delegación se inserta en una propuesta contractual más amplia, de modo que la ejecución de la prestación al delegatario no es más que uno de los resultados a cuya realización mira el delegante.

Comenzamos por tomar en consideración la hipótesis central y más importante. En ésta el delegante, acreedor del delegado, dirige a este último la invitación para ejecutar en manos de un tercero la prestación debida, de modo que de la *traditio* efectuada al delegatario derive la *automática* extinción de la obligación preexistente. ¿Qué naturaleza jurídica tiene el contrato que se perfecciona mediante la aceptación del «encargo» (art. 1269, párrafo 2.°) o mediante sü ejecución? Recuérdese, ante todo, que toda delegación, aim la de deuda, está siempre dirigida a obtener del delegado, para hacer llegar el bien en manos del delegatario, una actividad dé cooperación de carácter jurídico: esto es, un resultado típico del contrato de *mandato*. Esto no autoriza ciertamente a identificar la delegación con una propuesta de mandato: ya se ha notado, en efecto, que en la delegación de deuda, a diferencia de cuanto acontece en la delegación al descubierto, la intención del delegante no se agota con procurarse una actividad de cooperación, en cuanto que abraza a la ulterior intención de determinar, por efecto de la prestación al delegatario, la automática extinción de la obligación que constituye la cobertura. Sin embargo, el hecho de que en la intención del delegante entre además una típica finalidad del contrato de mandato, ayuda a entender la razón de la tradicional aproximación, fuera de toda crítica, entre delegación y mandato. Ayuda a entender, además, por qué sea perfectamente admisible que el delegante, aun dirigiéndose a un deudor suyo, pueda preferir recurrir a una delegación «al descubierto», no elevando la obligación preexistente al papel de cobertura de la operación[104]: en tal caso —eliminada de la declaración del delegante la intención de realizar un resultado ulterior respecto al de procurarse una actividad de cooperación por parte del delegado— la delegación viene a identificarse plenamente con una propuesta de mandato, cuya ejecución puede estar coligada o no a la obligación precedente por un acuerdo de compensación[105].

---

104 El reconducir a la voluntad de las partes los efectos que la prestación al delegatario produce sobre las relaciones internas facilita el acogimiento de esta solución, sobre la cual están de acuerdo PELLIZZI, *op. cit.*, en *Riv. dir. civ.*, 1958, II, pág. 564, nota 28, y los autores allí atados, página 566, nota 36. PELLIZZI, no obstante, parece entender que igual libertad no pueda reconocerse en un ordenamiento como el alemán, donde el principio de la automática repercusión del pago al delegatario sobre la relación de cobertura está legislativamente fijada: en contra v. THUR, «Zur Lehre von der Anweisung», cit., en *Jherings Jahrbucher*, 48, 1904, pág. 9, nota 14.

105 Precisamente ésta parece la reconstrucción más exacta del modo con que reacciona, sobre las relaciones entre delegante y delegado, la prestación al delegatario ejecutada a base de la típica delegación de pago, el cheque (cfr. MARTORANO, *Il conto corrente bancario*, cit., págs. 120 y sgts.; SANTINI, *Il bancogiro*, Bolonia, 1948, págs. 29 y sgts.). En efecto, el pago del cheque por parte de la banca es efectuado en cumplimiento de la denominada «convención de cheque», que es un mandato con el cual la banca se compromete a hacer honor, dentro de una cierta cifra, las órdenes emitidas por el cliente, convención que es después coligada mediante un «acuerdo de compensación» a la relación que constitu-

La ulterior intención del delegante, que, en la delegación de deuda, vale para diferenciar la delegación de una propuesta de mandato, constituye la intención típica de otro contrato: el dirigido a determinar la extinción de una deuda mediante el cumplimiento de una prestación distinta de la debida *(datio in solutum)*[106]; diversidad que, en nuestro caso, se manifiesta no, o no solamente, desde el punto de vista objetivo, sino más bien desde el punto de vista *subjetivo,* a causa del distinto destinatario de la prestación. A su vez, sin embargo, la autónoma consideración de esta intención no sería suficiente para la comprensión de la delegación de deuda[107]. Basta, en efecto, considerar la regla contenida en el artículo 1270, que sanciona la revocabilidad de la delegación hasta que el delegante haya ejecutado el pago a favor del delegatario: no se trata de una aplicación del principio de la revocabilidad de la propuesta contractual (art. 1328, párrafo 2.°), sino del principio de la revocabilidad del *mandato* (artículo 1723), y, por tanto, la revocación de la delegación es admisible no solamente antes, sino también después de que el delegado haya aceptado el encargo[108], mientras que no es ciertamente admisible, por parte del acreedor, una revocación unilateral del acuerdo por una *datio in solutum.*

---

ye la provisión de la operación y que asegura la disponibilidad de los fondos por parte del cliente (mediante un depósito bancario, una apertura de crédito y otras semejantes). Las singulares órdenes, en este caso, sirven para determinar el contenido de la obligación genéricamente asumida por la banca.

106 Se justifica, por tanto, la tradicional aproximación de la delegación a la *datio in solutum* (cfr. autores citados en Allara, *La prestazione in luogo di adempimento,* cit., pág. 103, nota 1; Bruett, *Die Abstrakte Forderung,* Berlín, 1908, págs. 174-175). Respecto a la emisión o a la transmisión de una cambial «en lugar de pago», cfr. Santini, *L'azione causale,* cit., páginas 44 y sgts.

107 Véase también Santini, *L'azzione causale,* cit., pág. 88, nota 16.

108 Se puede invocar en el mismo sentido también el artículo 1411, párrafo 3.°, desde el momento en que hemos visto cómo la delegación deba reconducirse a un contrato con «prestación al tercero». Precisamente la disposición citada, sin embargo, induce a entender que, establecida la incondicionada revocabilidad del denominado *iussum,* el delegado no está obligado a ejecutar la prestación en manos del delegante cuando esto le ocasione un perjuicio. La hipótesis es imaginable sobre todo en relación a un acuerdo para la ejecución a un tercero inserta como cláusula contractual de una estipulación del contenido más amplio.

Se puede entender, por tanto, que la proposición del delegante en la delegación de deuda tiende a la conclusión de un contrato *mixto,* que abarca los resultados típicos de otras dos figuras negociarías, el mandato y la *datio in solutum.* Parece por esto justificado atribuir a este contrato la calificación de «convención *ejecutiva»,* ya empleada en materia cambiaría para definir el acuerdo interno del que derivan las reacciones, sobre relaciones básicas, del pago al portador del título. Dé tal modo, en efecto, se pone de relieve que el acuerdo entre delegante y delegado, aun mirando a obtener del deudor el desarrollo de una actividad no debida a medida del contenido de la obligación, no determina, sin embargo, una modificación *definitiva* del crédito, y con esto se explica por qué, no obstante la perfección del acuerdo, el acreedor conserva el poder de retractar su adhesión a la precedente convención, pretendiendo, en consecuencia, la efectuación de la prestación en sus propias manos.

Es oportuno subrayar, sin embargo, si no se quiere desembocar en un inadmisible contraste entre el contenido de la prestación debida y su cumplimiento, que el carácter meramente *ejecutivo* del acuerdo es el efecto y no la causa de la revocabilidad de la delegación. En otras palabras, la «convención ejecutiva» concluida entre delegante y delegado no constituye una hipótesis particular de una inexistente categoría de contratos que, estando dirigidos solamente a regular la «ejecución» de un crédito, sean revocables *ad libitum* por parte del acreedor: semejante categoría contractual no existe, porque toda disposición relativa al cumplimiento se refleja sobre el contenido de la prestación y viceversa. Por tanto, la revocabilidad de la delegación, dispuesta por el legislador para tutela del prevalente interés del delegante en la operación, representa la inserción, sobre la disciplina de un contrato dirigido a regular la ejecución de una obligación, de una *disciplina* distinta, dictada en consideración a la otra intención típica que la delegación mira a satisfacer.

En definitiva, también en la delegación de deuda el contrato entre delegante y delegado viene a constituir a cargo de este último la obligación de efectuar la prestación al delegatario, esto es, una obligación que tiene como destinatario del pago a un tercero[109]. Esta obligación tiene una función instrumental respecto a la actuación de la deuda precedente, con la cual coexiste[110]: la extinción de la cobertura, en efecto, se verifica sólo con el pago al delegatario, Según la regla válida para todas prestaciones en materia de cumplimiento (art. 1197)[111].

No hay mucho que añadir en cuanto a las otras dos hipótesis de delegación de deuda. Si median los «usos» previstos por el artículo 1269, debe decirse que al acreedor corresponde el poder de hacer surgir, a cargo del delegado, mediante una declaración unilateral de delegación, la obligación de efectuar el pago al ter-

---

109 A la objeción de que la delegación atribuye al delegado una simple *facultad* de liberarse de la obligación originaria prestando al delegatario, pero sin constituir obligación alguna a su cargo, se puede replicar con las mismas observaciones anticipadas a propósito de la análoga objeción ya examinada en materia de delegación al descubierto: de una facultad del delegado se puede hablar sólo respecto a la fase anterior a la aceptación por parte del delegado, aceptación que, sin embargo, es siempre indispensable para justificar la prestación en la relación interna con el delegante; si la aceptación, por tanto, no precede a la ejecución de la invitación, debe considerarse implícita en el hecho mismo de prestar al delegatario según el encargo recibido.

110 Véase cuanto observa Allara, *La prestazione in luogo di adempimento,* cit.., pág. 121, a propósito de la hipótesis que él cualifica «atribución del valor de equivalente de cumplimiento al *aliud* respecto de entrambos sujetos de la relación obligatoria». Escribe el ilustre autor: «En esta hipótesis el deudor está obligado a la prestación del *aliud* y el acreedor a aceptarla. Además, aquí, por efecto de la atribución, se determina una segunda relación obligatoria: tal relación no está condicionada. La nueva relación no sustituye a la antigua; no se puede, por tanto, hablar de novación.» Es de notar que también Allara distingue, de la hipótesis ahora examinada, aquella otra en que habría siempre atribución de una *facultas* alternativa al deudor, sin constitución de una segunda relación obligatoria al lado de la primera. Sin embargo, es necesario observar, de una facultad del deudor se puede hablar sólo respecto a la frase que precede a la asunción de la obligación de efectuar la prestación *in facultate.* La constitución de esta obligación tiende a quedar inadvertida porque se verifica, ordinariamente, con la misma ejecución de la prestación: pero esto no quita para que el instrumento de la obligación sea indispensable para justificar el carácter definitivo de la atribución efectuada al acreedor a través del denominado ejercicio de la *facultas.*

111 Son, por tanto, rechazables todas las tesis (cfr. Pellizzi, *op. cit.,* en *Riv. dir. civ.,* 1958, II, págs 587-588, y autores allí citados) que reconducen la extinción de la obligación originaria del delegado al mecanismo de la condición.

cero. Cuando se trata, en cambio, de una delegación que se inserta en un más vasto contrato, el acuerdo entre delegante y delegado para la efectuación de la prestación al tercero es siempre considerado indiferente, a modo de una cláusula particular, del resto del contrato en que aquel acuerdo se inserta como convención *ejecutiva* de la obligación naciente de la misma estipulación.

24. Agotado el estudio relativo a las dos hipótesis en las cuales un tercero funciona como destinatario del pago, se pueden resumir los resultados alcanzados afirmando que, mientras en el caso de legitimación para recibir, el pago al tercero hace hincapié en el presupuesto de legitimación del *accipiens,* puede decirse sobre la relación de valuta, tendiendo a la realización de la relación de cobertura, en el caso de delegación el pago al tercero hace hincapié en la relación de cobertura y tiende a la realización de la relación de valuta. En la primera hipótesis el deudor paga al tercero porque *éste* está legimitado para recibir en sustitución del acreedor; en la otra el deudor paga al tercero *porque él mismo* es delegado para pagar por cuenta del acreedor. El legitimado para recibir es, por tanto, siempre un instrumento del acreedor para conseguir la prestación del deudor, cualquiera que sea el contenido de la relación de valuta que justifique, frente al acreedor, la adquisición por parte del *accipiens;* en el caso de delegación es, en cambio, el deudor el que constituye instrumento del acreedor para hacer llegar un bien al delegatario, cualquiera que sea el contenido de la relación interna con el acreedor que justifique la efectuación de la *traditio* por parte del delegado.

Sección IV
Confrontación entre las dos hipótesis

SUMARIO: 25. Delegación y poder para el cobro: criterio diferenciador.—26. Principales diferencias de disciplina.—27. La adquisición por parte del tercero: *a)* determinación de su contenido en el plano posesorio.—28. Continuación: *b)* efectos sustanciales.

25. Terminada la individualización de las dos figuras de pago al tercero, se presenta la necesidad de precisar el criterio a base del cual puede fijarse si la orden de pagar al tercero, dirigida por el acreedor al deudor, es un poder, del cual derive sin más el deber del deudor de prestar en manos del representante, o bien si se trata de una delegación, que obliga al deudor a pagar al delegatario sólo cuando sea seguida de la aceptación del encargo (salvo que concurran «los usos contrarios» a que se refiere el artículo 1269).

El problema de la distinción entre delegación y poder para el cobro ha sido afrontado frecuentemente, pero sin alcanzar una solución plenamente satisfactoria. Además, debe resaltarse que aparece todavía incierto si tal distinción es admisible. No falta, en efecto, si bien contra la doctrina dominante, la tesis que atribuye en todo caso la misma naturaleza a la orden de pagar al tercero dirigida por el acreedor al deudor, considerando, por tanto, también al delegatario para pagar (o asignatorio o *Anweisungsempfänger)* como un apoderado para el cobro[112]. Por

112 Es la conocida tesis de LENEL, *Stellvertretung und Vollmacht Jahrbücher,* 36, 1896, págs. 96 y sgts., seguida por HELLWIG, *Verträge auf Leistung an Dritte,* pág. 100, y desarrollada sobre todo por LENT, *Die Anweisung als Vollmachs und im Konkurse,* Leipzig, 1907. A la admisión de esta tesis se opone la relevancia fundamental anticipada ya por v. TUHR, «Zur Lehre von der Anweisung», en *Jherings Jahrbücher,* 48, 1904, págs. 3 y sgts., el cual hacía observar que, mientras el deudor

lo demás, aun los que afirman haber diferencia entre delegación y apoderamiento, escriben a veces, para explicar la influencia del pago al delegatario sobre la relación de cobertura, que este último *sustituye* o *representa* al acreedor en la actuación de la relación causal con el deudor-delegado[113]: la distinción entre las dos figuras tiende así a oscurecerse. Pero mayor perplejidad se produce si se considera que no falta una concepción que, de modo exactamente opuesto, no duda en atribuir al delegado, en vez de al delegatario, la función de representante del delegante[114].

La frecuente referencia a la representación en materia de delegación está determinada por la dificultad de dar cuenta de los efectos que la prestación del delegado al delegatario opera sobre las relaciones internas de cobertura y de valuta. Parece atractiva, por esto, la idea de encontrar la explicación de tales efectos atribuyendo, ora al *tradens,* ora al *accipiens,* el papel de procurador

---

es libre de rechazar a un *Anweisungsempfänger,* sin incurrir en responsabilidad alguna (como expresamente resulta también en el BGB, párrafo 787), no tiene igual libertad frente a un representante del acreedor. Esta objeción aparece aun hoy como insuperable, dada la ilegitimidad de la negativa de prestar al representado (con la consiguiente producción de la *mora solvendi).*

113 Cfr., por ej., BETTI, «L'attuazione di due rapporti causali attraverso un unico atto di tradizione», cit., en *Bull. Ist. dir. rom.,* 1933: «Por parte suya, el accipiente B (delegatario) debe, en todo caso, saber que, en el recibir de C, él tiene el puesto del delegante A en el actuar la relación causal con el tradente B (delegado)» (pág. 174); «el accipiente debe compartir la *iusta causa traditionis* que tiene por fin el tradente. Y compartir la *iusta causa,* por parte del accipiente que reciba según delegación, significa... en todo caso, que el accipiente C, al recibir de B, sepa que él representa o sustituye a A en la actuación de la relación causal del mismo A con el tradente B» (pág. 177). BETTI, a continuación, parece haberse ulteriormente adherido a la teoría que identifica apoderado para el cobro y delegatario (aun cuando se trate de *delegatio solvendi);* en efecto, en la *Teoria generale del negozio giuridico,* cit., pág. 581, nota 11, dice: «Propendemos hoy a reconocer, con LENEL, una función de representación o al menos de instrumentalidad, en el permiso para recibir del tercero indicado (art. 1188) merced a indicación activa» (indicación activa que, como ya se ha notado, para BETTI coincide con la *delegatio solvendi).*

114 Así DALMARTELLO, *La consegna delta cosa,* cit., págs. 166 y sgts. Pero véanse bien las observaciones y las citas de BIGIAVI, *La delegazione,* cit., página 246, el cual a su vez, como justamente observa DALMARTELLO, acaba por estar muy próximo a la tesis de este último.

del delegante. Sin embargo, el recurso a la representación para explicar el mecanismo con que se actúan las denominadas atribuciones indirectas realizadas por medio de la delegación corre el riesgo, ante todo, de hacer incomprensible precisamente esto que se querría explicar, puesto que no se alcanzará nunca a demostrar que en la ejecución de la prestación final entre delegado y delegatario deba atribuirse la función de representante del delegante a uno más bien que a otro de los dos sujetos[115], y en consecuencia, la aclaración conseguida respecto a una relación básica vendría siempre pagada al precio de hacer incomprensible el efecto provocado sobre la otra relación interna[116]. En segundo lugar, el recurrir a la representación puede considerarse totalmente inidóneo para justificar los efectos de la prestación al delegatario sobre las relaciones básicas: no se alcanzaría aclaración alguna acerca del modo con que tales efectos son realizados considerando o al delegatario o al delegado representante del delegante, desde el momento en que el concepto técnico de representación negocial —la cual solamente detennina, en la esfera jurídica del *dominus*, una automática repercusión de la actividad desarrollada por el representante— no es aplicable a comportamientos no declarativos como el *tradere o* el *accipere*. Aun en el

115 Me parece claro, en verdad, que todo cuanto se ha dicho para demostrar la función representativa del delegante atribuida al *tradens* o al *accipiens* puede ser tranquilamente invertido y referido al otro sujeto. Léase, por ej., cuanto dice DALMARTELLO, *La consegna della cosa,* cit., página 167: «La cosa debe llegar al delegatario, como proveniente del delegante; y no veo cómo de otro modo se pueda poner en relación a estos dos sujetos, sino a través de la acción y la declaración del delegado, que por el solo hecho de actuar como tal, actúa como representante del delegante, y a base del poder representativo que la misma delegación le ha conferido.» Me parece evidente que el mismo razonamiento, aunque puesto al revés, resulte igualmente coherente (pero poco persuasivo): «La cosa debe ser recibida del delegatario, como si fuere recibida del delegante; y, por tanto, el delegatario, por el solo hecho de actuar como tal, actúa como representante del delegante, y a base del poder representativo que la misma delegación le ha conferido» (y esto, en efecto, como ya se ha notado, sostienen LENEL y sus seguidores).

116 Puede recordarse, a propósito, cómo estos argumentos han impulsado a WIELAND, «Die Ermächtigung zum Leistungsempfang», en *Arch. f.d. civ. Pr.*, 95, 1904, págs. 161 y sgts., a atribuir una función *lato sensu* representativa tanto al delegado como al delegatario.

caso de pago al representante, en efecto, la reacción sobre la relación interna entre *solvens* y representado no es consecuencia de una automática imputación al *dominus* de la actividad desarrollada en su nombre por el apoderado, si bien va reconducida, como se ha subrayado precedentemente, a los acuerdos internos entre deudor y acreedor.

Rechazada la necesidad de distinguir la delegación de la representación, es menester recordar que la doctrina prevalente describe la diferencia entre las dos figuras afirmando que el delegatario recibe la prestación *en nombre propio* (como resulta expresamente del párrafo 783 del BGB), mientras que el apoderado la recibe en nombre del *dominus*[117]. Se trata del mismo criterio ya examinado y criticado a propósito del problema de la diferencia entre indicación y representación[118]; debe ahora insistirse en que, aplicado a un acto real como la *acceptio,* aquel criterio aparece equívoco e inutilizable para distinguir al delegatario del representante.

La fórmula propuesta por la doctrina, en efecto, podría ser interpretada en el sentido de que: *a)* la prestación al delegatario encuentra su justificación en la relación de valuta, la prestación al representante en la relación de cobertura; *b)* el delegatario actúa para satisfacer un interés propio, el representante para satisfacer un interés del *dominus; c)* el delegatario adquiere una posición posesoria autónoma (y, por tanto, eventualmente la propiedad), el representante una posición posesoria dependiente de la del representado. En demostración de la inadecuación de estas proposiciones para distinguir la delegación de la represen-

117 Bien visto, esta formulación, mejor que precisar el criterio diferenciador entre delegación y representación, se limita a repetir, sin demostrarlo, que el delegatario *no es un representante:* en efecto, si la representación es precisamente definida como la actividad establecida en nombre ajeno, está claro que el delegatario no actúa *nomine alieno* precisamente en cuanto, según la premisa del razonamiento, actúa de modo distinto de un representante. Se trataría, por tanto, de examinar *por qué* el delegatario no actúa en nombre ajeno, es decir, en qué cosa se diferencia su comportamiento respecto al de un apoderado para el cobro: y entonces aflora cómo el verdadero criterio diferenciador consiste, para la doctrina, en el hecho de que el representante recibiría el pago de la relación de cobertura, mientras que el delegante recibiría la prestación debida a base de la relación de valuta.

118 Cfr. *retro,* págs. 67 y sgts.

tación, obsérvese que: *a)* tanto el delegatario como el representante encuentran la justificación causal de su adquisición en la relación de valuta; *b)* tanto el delegatario como el representante actúan para satisfacer un propio interés, dado que para ellos es totalmente indiferente la función asignada a la prestación en la relación interna entre el *solvens* y el delegante o representado[119]; *c)* tanto el delegatario como el representante adquieren una posición posesoria autónoma o dependiente con arreglo a la función desarrollada por la prestación respecto a la relación de valuta que justifica su adquisición.

Es necesario además poner de relieve que el buscar la diferencia entre los institutos de la delegación y del poder para el cobro con sometimiento al criterio del actuar en nombre propio o ajeno parece fruto de una inversión lógica. En efecto, una eventual diversidad en el comportamiento del *accipiens,* según que se trate de un sujeto que recibe como delegatario o como apoderado, es una *consecuencia* y no la explicación de la diferencia entre delegación y apoderamiento: primero, por tanto, es necesario establecer cuál es la diferencia de contenido entre las declaraciones que atribuyen la calidad de delegatario o de apoderado, y sólo sucesivamente se puede precisar si estos sujetos efectúan la *acceptio* con modalidades diversas[120].

---

119 Bien se entiende que, cuando la relación de valuta está constituida por un mandato, el representante, a diferencia del delegatario, actúa para cuidar el interés del *dominus:* pero el interés consiste en el *accipere* por cuenta del mandante, no en dar actuación a la relación de cobertura. Es, pues, fácil añadir que en caso de representación puede suceder que la relación de valuta no sea un mandato, mientras que no es posible excluir que precisamente un mandato constituya la relación de valuta en una delegación: cfr. BIGIAVI, *La delegazione,* cit., pág. 246, nota 87, el cual escribe: «Está claro que yo puedo indicar como delegatario también a un representante mío» (*rectius:* un mandatario mío).

120 Esta observación demuestra que no se puede ni siquiera afirmar —recordando que el deudor efectúa la prestación al legitimado para recibir en cuanto éste es un encargado del acreedor, mientras que presta al delegatario en cuanto que ha recibido el encargo del delegante— que haya pago al representante cuando la *traditio* es recibida por el *accipiens* en calidad de instrumento del acreedor y pago al delegatario cuando el *tradens* actúa como instrumento del delegante. El *prius* para tal afirmación es, en efecto, buscado en el contenido de las declaraciones con las que el acreedor confiere al procurador el denominado poder

Esta exigencia parece que ha sido ya advertida por la tesis que ha proyectado la distinción entre delegación y apoderamiento sobre la base de la formulación *abstracta o causal* de la declaración del acreedor, en el sentido de que se estaría frente a una delegación cuando el acreedor encarga al deudor pagar a un tercero sin hacer mención, en la invitación, de la relación interna que justifica el pago («por mí paga a...») («por cuenta mía paga a...», esto es el esquema clásico de la letra de cambio); mientras que se estaría frente a un apoderamiento cuando el acreedor encarga al deudor pagar a un tercero haciendo referencia, en la invitación, a la relación interna para cuyo cumplimiento el apoderado está legitimado para recibir la prestación[121].

Este criterio, sin embargo, no ha tenido, y justamente, fortuna. En primer lugar, porque no necesariamente la delegación presenta un carácter de abstracción, pudiendo el delegante, a veces, tener interés en que el pago sea efectuado con «titulación» respecto a la relación de valuta[122]. En segundo lugar, porque el acreedor puede indudablemente conceder un poder para el cobro sin declarar al representante cuál sea la relación de cobertura apta para justificar el conferimiento del poder: la experiencia cotidiana nos convence, además, de que, precisamente cuando las funciones del apoderado están mayormente limitadas y deviene más fácilmente reconocible, por tanto, el aspecto instrumental que caracteriza la figura del representante frente a la del delegatario, precisamente en estos casos la legitimación para recibir resulta, muy frecuentemente, atribuida a un sujeto que ignora la naturaleza de la relación de cobertura («deja lo que me debes a mi portero», «entrega la mercancía a mi dependiente», etc.).

---

de representación y al delegado el encargo de efectuar el pago por su cuenta al delegatario.

121 V. Turh, «Zur Lehre von der Anweisung», cit., en *Jherings Jahrbücher*, 48, 1904, págs. 10 y sgts.

122 La «titulación» se efectúa en el momento de la promesa o de la *solutio* al delegatario, y debe ser, por tanto, efectuada por el delegado, a cuyo interés corresponde normalmente: no hay que excluir en modo alguno, sin embargo, que el delegante, al invitar al delegado a prestar al delegatario, le encargue también de *titular* la promesa o el pago, de modo que el delegado deba tomar sobre sí los riesgos por no haber obedecido a la invitación del delegante según las modalidades fijadas por éste.

Por tanto, así como no es en modo alguno indispensable que la delegación sea formulada en modo abstracto, así no es necesario que el poder para el cobro haga mención de la relación de cobertura para cuya actuación el *tradens* debe efectuar la prestación.

El criterio deferenciador entre la delegación y el apoderamiento debe ser buscado teniendo exclusivamente como referencia la intención del acreedor. Si la declaración dirigida por él al deudor es interpretada como una invitación a cooperar con el mismo acreedor para hacer llegar un bien a manos de un tercero «por cuenta» del declarante, se está en presencia de una delegación; si la declaración dirigida al deudor es interpretada con mía orden de pagar al acreedor por medio de un tercero, se está en presencia de un apoderamiento.

La interpretación de la voluntad del acreedor es en algunos casos fácil, de modo que no deja lugar a incertidumbre: así, por ejemplo, si el comprador, adquirido un objeto en un negocio, encarga al comerciante entregarlo, por cuenta del adquirente, a un cierto destinatario, es de presumir se trate de una delegación; cuando, en cambio, el comprador diga al comerciante que entregue el objeto adquirido a una persona que vendrá a retirarlo, es de presumir se trate de un poder. Así, todavía, si un sujeto se presenta al deudor provisto de un documento que contiene simplemente la invitación de pagar al presentante del documento, es de presumir se trata de delegación; cuando, en cambio, se presente al deudor provisto de un recibo o bien de un documento que lo cualifica como administrador dependiente del acreedor, es de presumir se trate de un apoderamiento.

Se comprende que, como siempre sucede cuando se trata de cuestiones relativas a la interpretación de una voluntad, pueden presentarse dudas acerca del alcance de las declaraciones del acreedor y, por tanto, acerca de la calificación atribuible al tercero, en cuyas manos el deudor es invitado a pagar. Pero esto no es, ciertamente, suficiente para poner en discusión el fundamento de la distinción.

Para concluir, la declaración del acreedor es considerada como delegación, aun cuando, a base del complejo de las circunstancias en que la declaración está emitida y comunicada, sea reconducible al esquema «por mí paga a...», o bien «paga por mi cuenta a...». Viceversa, la declaración del acreedor es considerada como apoderamiento, aun cuando sea reconducible al distinto esquema «págame a mí por medio de...».

26. De la diferencia comentada derivan numerosas variedades en la disciplina positiva de las dos figuras de obligación que tiene a un tercero como a destinatario del pago y de su *solutio.* Parece oportuno hacer una alusión a las más importantes.

Si se trata de obligaciones *exigibles,* el requerimiento de pago efectuado por el representante constituye, como ya se ha visto, presupuesto suficiente para determinar la situación de *mora solvendi* a cargo del deudor, mientras que, salvo «los usos contrarios» a que se refiere el artículo 1269, párrafo 2.°, la falta de pago al delegatario no es jamás ilícita, frente al delegante, sino después de la aceptación del encargo. De esto se deriva, además, que la oferta al representante es sin más idónea para constituir en *mora accipiendi* al acreedor (art. 1208, n. 1), mientras que la oferta al delegatario es ciertamente inidónea para constituir en *mora accipiendi* al delegante antes de la aceptación del encargo de pagar al tercero; después de tal aceptación parece lógico conceder al delegado la posibilidad de recurrir a la oferta por intimación (art. 1209, párrafo 2.°).

Si se trata, en cambio, de obligaciones *portables,* la diferencia aparece menos neta, pero queda el hecho de que la prestación efectuada al representante constituye directo cumplimiento de la obligación originariamente contraída hacia el acreedor, mientras que la prestación efectuada al delegatario constituye cumplimiento de la obligación surgida por la aceptación del encargo —confiada con la delegación— de pagar al tercero por cuenta del delegante, de modo que la extinción de un eventual precedente débito del delegado hacia el delegante es una consecuencia solamente refleja de la prestación ejecutada en manos del delegatario; consecuencia refleja del mismo tipo que la que lleva a cabo la extinción de la denominada relación fundamental cuando es cumplida una obligación cartular.

Otra importante diferencia de disciplina se refiere a la hipótesis en que el deudor prometa al tercero ejecutar la prestación en sus manos. Tal hipótesis está expresamente prevista respecto a la delegación de pago (art. 1269, párrafo 1.°): en este caso la obligación asumida hacia el delegatario está sometida a todos los principios de la abstracción delegatoria (art. 1271), llevando, por tanto, a los mismos resultados de una *detegatio promittendi* aceptada[123]. La nueva deuda del delegado hacia el delegatario coexiste, así, con aquélla obra hacia el delegante, respecto al cual, cumpliendo una función instrumental, no determina modificación alguna.

Ninguna disposición prevé, en cambio, una promesa de cumplimiento dirigida por el deudor al representante. Una declaración de tal especie podría ser interpretada: 1) como mero reconocimiento de la propia deuda hacia el acreedor o del poder de cobro correspondiente al tercero, y, por esto, de la consiguiente ilicitud de una eventual negativa de cumplir a este último; 2) como asunción de la obligación de cumplir en manos del representante. En el primer caso, es obvio que no se constituye obligación alguna desde el momento en que la declaración del deudor tiene sólo valor de concesión a favor del acreedor. Respecto al segundo, se plantea el problema de si la promesa al representante es o no válida: en caso de respuesta afirmativa, el deudor está obligado al resarcimiento de los daños, cuando, en contraste con tal promesa, pero en conformidad al contenido de la obligación hacia el representado, el deudor efectúe la prestación en manos del acreedor.

Más delicado el último caso: se trata de fijar si surge una nueva obligación, distinta de aquella hacia el representado, y separadamente por tanto, accionable en juicio por parte del promisario. Es de excluir ciertamente, también en caso de respuesta afirmativa, todo carácter de abstracción de la nueva deuda del promitente[124], el cual, a diferencia del delegado, por tanto, bien podría oponer al tercero todas las excepciones oponibles al re-

---

123 En contra Betti, *Teoria generale delle obbligazioni,* cit., III, 2, página 100, el cual afirma que a la obligación asumida hacia el delegatario a continuación de una delegación de pago no se aplica el artículo 1271. Esto es consecuencia del hecho de que Betti niega la identidad entre delegación de crédito y la delegación de pago, identificando esta última con la indicación de pago (sin preocuparse del contraste entre los artículos 1188 y 1269, párrafo 2.°).

124 Cfr. Betti, *op. loc.* cit.

presentado, precisamente porque a la promesa, dirigida a un sujeto individualizado a través de su cualidad de representante del acreedor, se adhiere una limitación derivada de la tácita referencia al contenido de la obligación de la cual se promete el cumplimiento. Sin embargo, se dudaría mucho de la misma validez de la promesa y de su idoneidad para conferir al tercero un *ius exigendi:* aunque la tutela del representante pareciera exigirlo, se le opone, tanto la falta de una *causa* (entendida como *cause suffisante* del surgir de la obligación), como, sobre todo, el derecho del acreedor de revocar los poderes de representación conferidos al tercero, de modo que se debería admitir que el acto unilateral de revocación de un sujeto extraño a la relación determina la extinción del crédito adquirido por el representado[125].

El artículo 1271, párrafo 2.°, prevé, respecto a la delegación, el denominado principio de la nulidad de la doble causa, esto es, la repetibilidad de la prestación directamente por el delegatario en el caso de invalidez de entrambas relaciones básicas. Un principio igual no es aplicable en la hipótesis de pago al representante, en cuanto el *solvens,* aun cuando haya pagado en manos de un sujeto efectivamente investido del poder de representación, y no, por tanto, al denominado *falsus procurator,* tiene en todo caso el derecho de repetir la prestación del pretendido acreedor, si la prestación no es debida, sin referencia, por tanto, a la idoneidad o no de la *traditio* efectuada al tercero para satisfacer la relación de valuta entre *accipiens* y representado. Esta es la consecuencia del hecho de que el pago viene efectuado al tercero en cuanto éste se presenta como instrumento del pretendido acreedor: y respecto al *solvens,* por tanto, es como si la prestación hubiese sido recibida personalmente por el representado.

En confirmación de la relevancia de la distinta función instrumental que puede ser desarrollada, frente al acreedor, ora por el *tradens,* ora por el *accipiens,* considérense todavía las vicisitudes de la prestación en la hipótesis de nulidad de la declaración del acreedor. Tratándose de poder, el *solvens* debe en todo caso repetir del *falsus procurator,* independientemente, por tanto, de la

125 El problema se hace todavía más delicado cuando se admita la eficacia real de la cláusula de irrevocabilidad.

validez o no de la relación de valuta. Tratándose de delegación, en cambio, en línea de principio el delegado tiene derecho de repetir del delegante, por cuenta del cual ha actuado: por esto, sólo la aplicación del principio de la nulidad de la doble causa, como ya se ha notado a su tiempo, conduce a reconocer que, frecuentemente, la *condictio indebiti* deba ejercitarse frente al delegatario. De esto deriva que en el caso, si bien sea muy raro, en que la relación de valuta, no obstante la nulidad de la delegación, haya sido válidamente constituida[126], el pago al delegatario es plenamente idóneo para actuarlo y para realizar igualmente la función instrumental desarrollada por el delegado[127].

27. Ya se ha notado, en el curso del trabajo, que no es posible diferenciar las dos hipótesis de pago al tercero haciendo referencia al contenido de la situación posesoria adquirida por el *accipiens.* No se ha precisado todavía, sin embargo, qué cosa adquiere el tercero, recibiendo la prestación del *solvens.* Como el problema merece ser aclarado, aparte otras cosas, por los reflejos que su solución ejerce en el plano sustancial, o sea en orden a la suerte del derecho real sobre el bien, es menester preguntarse si el *accipiens,* tercero respecto a la obligación que el *solvens* cumple, adquiere la posesión o la simple detentación del bien entregado.

Es de excluir que pueda darse respuesta a la pregunta considerando la estructura de la *traditio*[128]. De tal modo, en efecto, se hace retroceder la determinación del contenido de la situación posesoria adquirida por el *accipiens* a un acuerdo con el *tradens,*

---

126 Naturalmente, cuando hablo de relación de valuta válidamente constituida, no pretendo referirme a una cualquier relación entre delegante y delegatario que *podría* funcionar de valuta, sino a la relación que se constituye a continuación del acuerdo con el que delegante y delegatario proveen a determinar qué influencia tendrá sobre sus relaciones la prestación efectuada por el delegado.

127 Por tanto, todos los eventuales vicios del acuerdo entre delegante y delegado (y, por tanto, tanto aquellos que conciernen a la delegación como aquellos que conciernen a la aceptación del delegado) no se repercuten en ningún caso contra el delegatario, al cual, aun cuando sea válido el acuerdo interno con el delegante, permanecen completamente extraños los acuerdos y las relaciones internas entre delegante y delegado.

128 DALMARTELLO, *La consegna della cosa,* cit., considera, en cambio, la variedad de los resultados a los que puede conducir la *traditio* como consecuencia de la estructura de ésta. Cfr. *retro,* pág. ..., nota.

mientras que la posesión, en cuanto *res facti,* no es susceptible de transferencia. Es de observar, además, que, poniendo en el mismo plano la intención volitiva del *tradens* y del *accipiens,* se corre el riesgo de introducir, para el solo caso de adquisición «derivativa», un elemento extraño a la estructura del fenómeno posesorio, que por la tradicional doctrina italiana viene individualizado considerando su elemento esencial al denominado *animus* del sujeto que ejerce el poder de hecho sobre la cosa.

Me parece necesario, por tanto, hacer exclusiva referencia, en la determinación de la posición posesoria adquirida por el *accipiens,* a la voluntad de este último, según el criterio que sirve para distinguir, en general, la posesión de la detentación, criterio recientemente, como consecuencia de una cuidada investigación, precisado en estos términos: «En nuestro actual ordenamiento, la distinción entre posesión y detentación se funda en el *elemento 'subjetivo del tipo de situación jurídica para cuya actuación el sujeto quiere tener el poder de hecho*»[129]. Naturalmente, no se trata de pura voluntad interna del *accipiens,* sino de la voluntad manifestada, manifestación que es considerada en el momento en que ha tenido iniciación el poder de hecho[130].

De aquí la gran importancia, en el caso de adquisición denominada «derivativa», del acuerdo que justifica la *traditio* y que otrece un elemento esencial, si bien no siempre decisivo[131], acerca de la situación jurídica para cuya actuación el *accipiens* quiere tener el poder de hecho. En primer lugar, en efecto, el *título* que

129 FEDELE, *Possesso ed esercizio del diritto,* Turín, s.d. (ma 1950), página 111 (la amplia reseña crítica de los diversos criterios diferenciadores comienzan en pág. 79).

130 Cfr. FEDELE, *op. loc.* cit.: «Para decidir si el poder de hecho de un sujeto es posesión o detentación es necesario mirar sobre todo al *animus* del sujeto en el momento en que tiene comienzo su poder de hecho.»

131 Decimos no siempre decisivo porque, si no es posible la adquisición de una situación posesoria más amplia de la resultante del título, es, viceversa, posible (v. *infra* en el texto) la adquisición de una situación posesoria más limitada de cuanto no resulte del título: así, por ej., el mandatario sin representación o cesionario para el cobro devienen simples detentadores cuando adquieren con el *animus* de realizar el derecho del mandante o del cedente; y sería verdaderamente incongrunte querer pensar, en estos casos, en un sucesivo constituto posesorio, ya autorizado precedentemente por el interesado.

da razón de la *acceptio* puede ser relativo a una situación jurídica que comporte solamente la detentación (o la subdetentación) del adquirente; en tal caso, este último no adquiere la posesión ni siquiera si en realidad intenta comportarse *uti dominus*[132]: su voluntad interna permanece irrelevante, en tanto no sea actuada con un comportamiento que integre, en el sentido del segundo párrafo del artículo 1141, una *interversio possessionis*. Si, en cambio, el *título* que justifica la *traditio* es relativo a una situación jurídica que comporte la adquisición de la posesión, el *accipiens* adquirirá la simple detentación sólo cuando intente actuar, cabalmente mediante la detentación de la cosa, una situación jurídica contrastante con el título de su adquisición, título que es hallado en una relación distinta, extraña a la *traditio* e intermediante con un tercero[133].

Naturalmente, cuando se habla de título de la entrega, se hace referencia solamente a su existencia de hecho, independientemente de su validez y eficacia de derecho[134]. Al contrario, también el título putativo es idóneo para determinar el contenido de la situación posesoria adquirida por el *accipiens:* por tanto, cuando el *tradens* entregue a título de comodato, mientras que el *accipiens* reciba erróneamente a título de donación, el adquirente debe ser considerado poseedor y no simple detentador. De título putativo puede, no obstante, obviamente hablarse sólo cuando el *accipiens* haya efectivamente manifestado su voluntad: de otro modo, no se trata de título putativo, sino de contraste entre el título y la voluntad interna del adquirente, contraste al cual ya

132 Esto resulta claramente, me parece, del artículo 1141, párrafo 1.°: probado que la adquisición del poder de hecho sobre la cosa ha tenido lugar a base de un título que se refería a una situación jurídica idónea para fundar solamente una detentación, el diferente *animus* del adquirente permanece irrelevante en cuanto no exteriorizado; para la adquisición de la posesión, por tanto, podrá ser tomado en consideración solamente un comportamiento del *accipiens* sucesivo a la adquisición del poder de hecho.

133 El ejemplo típico es el del mandatario sin representación y del *negotiorum gestor,* sobre los cuales tanto se ha discutido en Alemania (cfr., para un amplio panorama de las controversias, Bruns, *Besitzerwerb durch Interessenvertreter,* Tübingen, 1910).

134 Esta última es relevante respecto a la verificación de los correspondientes efectos sustanciales, pero no para la adquisición de la situación posesoria.

nos hemos referido y que se resuelve acordando la prevalencia del primero, salvo una posterior *interversio.*

Volviendo ahora al caso que nos interesa, la *traditio,* no siendo efectuada para actuar una relación intermediante entre *solvens* y *accipiens,* aparece regida por dos títulos diferentes, que representan, respectivamente, la *causa dandi* y la *causa accipiendi* respecto a dos sujetos entre los cuales se opera la transferencia del poder de hecho. En consecuencia, cuando la prestación es ejecutada en manos del tercero o porque éste se presenta como sustituto del acreedor o porque el deudor pretende ejecutar una delegación de pago, se plantea el problema de precisar si el contenido de la situación posesoria adquirida por el *accipiens* se determina haciendo referencia al título que justifica la prestación respecto a la relación de cobertura, para cuya actuación ha accionado el *solvens,* o bien haciendo referencia al título que la justifica respecto a la relación de valuta, para cuya actuación ha accionado el *accipiens.* Así, si el deudor se ha comprometido a entregar al acreedor una cosa a título de comodato o de arrendamiento, y efectúa la *traditio* a un tercero que actúa como *procurator in rem suam* del acreedor o como delegatario, el *accipiens,* cuando el acreedor le haya vendido o donado la cosa que le ha sido entregada por el *solvens,* ¿adquiere la posesión del bien (de modo conforme a la relación de valuta) o la simple detentación (de modo conforme a la relación de cobertura)?

En mi opinión, una vez sostenido que ninguna relevancia puede ser concedida a la voluntad del *tradens* para precisar el contenido de la adquisición del *accipiens,* se debe concluir que este último adquiere la posesión, la detentación o la subdetentación del bien recibido, según la situación jurídica que la relación de valuta está dirigida a actuar, mientras que no se atribuye importancia alguna a la relación de cobertura[135]. En contra se podría

135 Por tanto, el *accipiens* puede actuar como delegatario o como apoderado para el cobro, sin que tales calificaciones repercutan sobre el contenido de su adquisición: esto, sobre el plano posesorio, y en todo caso conforme a la actuación de su relación interna (de valuta) con el acreedor. Se explica de tal modo cómo jamás el *accipiens* pueda adquirir la posesión para el delegante o, en general, para una distinta persona, sin necesidad de recurrir al esquema de la representación, y sin necesidad de considerar, por tanto, al *solvens* o al *accipiens* a modo de representantes de la persona que ha dado el impulso a la *traditio.*

objetar que, como ya anteriormente se ha reconocido, ni siquiera la voluntad del *accipiens* es relevante sino en cuanto exteriorizada; sin embargo, en los casos en examen, la actuación de una relación distinta de aquella que el *tradens* pone como justificación de la entrega no queda en una intención puramente interna del *accipiens*, en cuanto que este último, recibiendo como sustituto del acreedor o como delegatario, no declara a base de qué título pretende recibir el bien, y obviamente, por tanto, reenvía, para la determinación de este título, a una *relación suya* interna con el acreedor.

En fin, no se oponga que de tal modo el *solvens* corre el riesgo de perder la posesión del bien, que habría, en cambio, conservado entregando directamente al acreedor: el acreedor, en efecto, obteniendo del *solvens* la entrega a un tercero, ejercita preventivamente (si bien abusando de la fiducia por la cual se rige toda posición posesoria en nombre ajeno) aquel poder de disposición sobre la cosa que podría perfectísimamente ejercitar posteriormente a la entrega. Por tanto, como nada impide a un arrendatario hacer adquirir a un tercero la plena posesión del bien, no se ve por qué nos debería sorprender que el mismo resultado pueda ser conseguido induciendo al arrendador a entregar directamente la cosa a un *accipiens* que adquiere inmediatamente —sin necesidad de la ficción de una posterior *traditio brevi manu* (o, peor, de una *traditio brevi manu* con un consentimiento expreso preventivamente del *tradens*)— la posesión del bien sobre la base de un título idóneo, representado por la relación de valuta[136].

28. Es necesario afrontar ahora los reflejos en el plano sustancial de la adquisición de una determinada situación posesoria por parte del *accipiens*. En primer lugar, se puede imaginar que la relación de cobertura comporte, mediante la *traditio*, la transferencia de la propiedad al acreedor (por ejemplo: cumplimiento de la obligación de entregar derivante de una venta de cosa genérica). En tal caso, con la entrega al tercero el deudor se libera

136 Si el *accipiens* conoce la relación de cobertura, adquirirá la posesión de mala fe. Puede, sin embargo, darse el caso de que sea de buena fe: así es respecto al delegatario que se limite a recibir sin referencia a la relación de cobertura, o bien respecto al representante, que ha recibido solamente el poder para el cobro, sin especificaciones acerca de la causal.

de su obligación, mientras que la propiedad es adquirida o por el *accipiens o* por el acreedor (quedando el *accipiens* simple detentador), según que la relación de valuta comporte o no la transferencia de la propiedad, mediante la adquisición de la posesión, del acreedor al tercero.

En segundo lugar, puede darse que la relación de cobertura o no sea idónea en abstracto para la transferencia de la propiedad al acreedor[137], o bien sea en concreto nula o ineficaz[138]. y que tal transferencia esté, en cambio, prevista a base de la relación de valuta. En este caso el *accipiens* adquiere ciertamente la posesión del bien: adquiere además la propiedad si, tratándose de bien mueble, concurren los presupuestos para la aplicación del artículo 1153[139]. A tal fin es menester, en particular, que el *accipiens* ignore la falta de legitimación del acreedor para disponer, y, esto es, el título a base del cual se produce la *traditio* por parte del *solvens*. Esto en la práctica puede acaecer con mayor facilidad cuando el *accipiens* sea un delegatario, extraño a la relación de cobertura, mientras que sucederá raramente cuando el *accipiens* sea un representante del acreedor[140]. Respecto a la hipótesis en la que el delegatario sea de mala fe, no se puede pensar en dejar

137 Por ej.: contrato de comodato o de arrendamiento.

138 Piénsese en el frecuente ejemplo de las fuentes (sobre las cuales cfr. BETTI, «L'attuazione di due rapporti causali attraverso un unico atto di tradizione», cit., en *Bull. Ist. dir. rom.*, 1933, págs 184 y sgts.): donación entre cónyuges.

139 En efecto, dada la necesaria causalidad de las adquisiciones, el *accipiens* puede adquirir sólo en cuanto medie una idónea situación traslativa. Pero para que haya transferencia de un derecho; fuera de los casos de adquisición *a non domino,* es necesario que el causa-dante sea el mismo titular: viceversa en la hipótesis hecha, el acreedor, causa-dante del accipiente, no es propietario (en efecto, ni lo era antes de la *traditio,* ni puede llegar a serlo posteriormente desde el momento en que la relación de cobertura no era idónea para operar una transferencia). Por tanto, la relación de valuta no puede funcionar, en cuanto falta el extremo necesario de la legitimación para disponer en el enajenante.

140 Porque, frecuentemente, el apoderado está investido no solamente del poder de cobro, sino también del poder de representar al *dominis* en la actuación de la relación causal que justifica la prestación y es, por tanto, casi siempre conocedor de la relación de cobertura. Sin embargo, podría ignorar la nulidad o la ineficacia de modo que fuera igualmente de buena fe en cuanto a la legitimación para disponer del acreedor.

igualmente a salvo la adquisición de la propiedad a favor del *accipiens* invocando la inoponibilidad de las excepciones deducidas de las relaciones básicas contra la prestación final: aquí no se trata, en efecto, de oponer las excepciones deducidas de las relaciones subyacentes, sino de precisar el mismo contenido de la adquisición que el delegatario puede conseguir a través de la prestación del delegado. Ahora, así como no puede haber duda de que si el delegado entrega al delegatario una cosa que éste sabe no pertenece al delegante, el *accipiens* no adquiere su propiedad[141], del mismo modo es necesario razonar cuando la cosa sea propia del mismo delegado que efectúa la entrega[142].

Más delicada todavía se presenta la hipótesis en la que tanto la relación de cobertura como la de valuta comporten la transferencia de la propiedad, pero la relación de valuta sea nula (por ejemplo, porque consiste en una donación entre cónyuges o en una donación privada de forma). No hay duda de que el *accipiens* adquiere igualmente la posesión de la cosa[143]: sin embargo, no la propiedad, que es, en cambio, adquirida por el delegante[144].

La justificación de esta solución, en mi opinión, se ha buscado aceptando la clásica vía celsina de la doble transferencia de la propiedad o *Durchgangstheorie*[145]. Está bien claro, naturalmente,

---

141 Tómese el ejemplo del receptador que delega al ladrón para entregar la cosa robada a otro receptador, al cual el primero la ha vendido: ¿qué duda puede haber sobre el punto de que el delegatario no adquiere la propiedad?

142 En otras palabras, la delegación no es un instrumento idóneo para facilitar la transferencia de la propiedad del delegante al delegatario: este último, a base de la entrega por parte del delegado, adquiere los mismos derechos que podría adquirir cuando la entrega fuese efectuada directamente por el delegante.

143 La ineficacia sustancial del título no puede, en efecto, reflejarse sobre la producida transferencia del poder de hecho.

144 Parece inaceptable la tesis de que la propiedad quede en el delegado, si bien éste haya completado el ciclo de las situaciones traslativas, estableciendo un título idóneo para la transferencia y entregando después la cosa según las disposiciones del delegante. Véase, sin embargo, a favor de esta tesis, Betti, «L'attuazione di due rapporti causali», cit., en *Bull. Ist, dir. rom.,* 1933, págs. 263 y sgts.

145 La tentativa de explicación ofrecida por Bigiavi, *La delegazione,* cit., págs. 235 y sgts., sobre la base de la teoría juliana de un traspaso automático y directo de propiedad del delegado al delegatario, no satisface por demasiado artificiosa.

que se habla de doble transferencia de la *propiedad* y no de doble paso de la posesión, además de que la característica del fenómeno delegatorio está precisamente en el actuar una doble transferencia del derecho mediante una única *traditio*[146]. La demostración de la exactitud de esta tesis la ofrece el siguiente argumento: En la hipótesis en que ningún vicio en las dos relaciones básicas impida el funcionamiento del mecanismo delegatorio, la adquisición del derecho por parte del delegatario se desarrolla a base de la adquisición de la posesión fundada sobre el título representado por la relación de valuta. Para que la relación de valuta pueda justificar la adquisición del derecho por parte del delegatario es necesario, no obstante, una legitimación para disponer del bien por parte del delegante: esto es tan verdad, que, en el caso de que falte tal *ius disponendi* porque la relación de cobertura no sea idónea para determinar la transferencia de la propiedad al delegante, la adquisición del delegatario viene a depender de la presencia de los presupuestos del artículo 1153. De esto deriva que la entrega por el delegado al delegatario procura la adquisición a favor del delegatario en cuanto procure, además, la adquisición a favor del delegante. Pero esto significa que la *traditio* del delegado al delegatario opera en un primer momento el traspaso del derecho al delegante, y en un segundo momento (si bien sucesivo sólo en orden lógico), el traspaso del derecho al delegatario, sobre la base del *ius disponendi* adquirido por el delegante.

Esto es, se vuelve a presentar una situación totalmente análoga a la que subsiste en el caso de adquisición de la propiedad por parte del vendedor de cosa ajena, y en el cual se da un doble traspaso automático, el segundo de los cuales está fundado sobre

---

BIGIAVI sostiene, en efecto, que el delegado, al prestar al delegatario, autoriza al delegante a disponer el objeto de la prestación, de modo que el delegante pueda disponer o a favor del delegatario o directamente a propio favor. En contra véanse las recensiones de AULETTA en *Ann. di dir. comp.*, II, XV, 1941, pág. 468, y de DALMARTELLO en *Riv. dir. civ.*, 1943, págs. 122-124.

146 Ya DALMARTELLO, en *Riv. dir. civ.*, 1943, pág. 123, notaba que «en el Derecho moderno, con referencia al principio de la transferibilidad de la propiedad por simple consentimiento, la teoría celsina puede escapar a muchas de las críticas tradicionales y, por tanto, prestarse a una notable simplificación de sus líneas directrices».

el primero[147]. Esto vale para explicar por qué, cuando la adquisición a favor del delegatario a base de la relación de valuta no puede, por cualquier razón, suceder, se verifica igualmente la primera adquisición a favor del delegante, independientemente del hecho de que el *accipiens* haya adquirido la simple detentación en nombre del delegante[148], o sea haya devenido sin más poseedor.

147 Se refiere también a este paralelo PUGLIATTI, «Rilevanza del rapporto interno nella rappresentanza indiretta», cit., en *Riv. trim. dir. e proc. civ.*, 1958, págs. 809 y sgts., para justificar la afirmación de la adquisición automática a favor del mandante en caso de adquisición por parte de un mandatario sin representación.

148 Es precisamente éste el caso que ponía en aprieto a BIGIAVI, *La delegazione,* cit., pág. 233. Cuando la relación de cobertura esté preordenada a la transferencia de la posesión y, por tanto, de la propiedad, mientras la relación de valuta (comodato, arrendamiento) esté solamente preordenada a actuar una detentación del *accipiens* sobre la cosa en función de una relación obligatoria, la *traditio* realizará entrambos resultados: en efecto, el *accipiens* adquiere, a base de la relación de valuta, la detentación en nombre del delegante, mientras que este último deviene propietario de la cosa entregada, en virtud de la *iusta causa* que ha de buscarse en la relación de cobertura. Cfr. en el mismo sentido DARMARTELLO, en *Riv. dir. civ.*, 1943, pág. 123, nota 1.

Capítulo IV

El pago liberatorio a sujetos no legitimados para recibir

SUMARIO: 1. Premisa.— 2. El pago al gestor de negocios.— 3. El pago al acreedor aparente.— 4. El pago a un "legitimado" aparente.— 5. El pago al legitimado cartular no titular del crédito.— 6. La pretendida legitimación "activa" para el ***ejercicio*** del crédito cartular.— 7. El pago al acreedor del acreedor que actúa en vía subrogatoria.— 8. El pago al no acreedor seguido por la ratificación o por el proyecto del titular del derecho.

1. Junto a las hipótesis examinadas en el capítulo precedente, en el cual destinatario del pago, además del acreedor, es un tercero —de modo que la prestación efectuada a éste constituye exacto cumplimiento de la deuda—, hay otras hipótesis en las cuales el deudor, efectuando la prestación en manos de un sujeto distinto del acreedor, se libera, sí, de la obligación, pero no realiza exactamente la prestación debida, en cuanto que el *accipiens* no es el destinatario del pago. Se trata de figuras particulares, en que el legislador, por especiales razones, en vez de conceder al *solvens* la normal acción de repetición contra el *accipiens,* dejando inalterado el derecho del acreedor, atribuye al pago a un no legitimado para recibirlo una eficacia extintiva en relación con la obligación, configurando de tal modo supuestos de hecho liberatorios muy distintos del pago en sentido técnico.

El presente capítulo está cabalmente dedicado al examen de estas hipótesis, que son precisamente: el pago a un *negotiorum gestor,* cuando concurra el requisito del *utiliter coeptum:* el pago al acreedor aparente; el pago al legitimado cartular no titular del crédito; el pago al acreedor del acreedor que actúa por vía subrogatoria; el pago al no acreedor seguido por la ratificación o por el provecho del verdadero acreedor.

2. Empezamos tomando en consideración la figura del pago a un *negotiorum gestor* del acreedor. Cuando la actividad del gestor no presenta el requisito del *utiliter coeptum* (art. 2031), no hay dudas de que el pago adquiere eficacia liberatoria para el *solvens* sólo cuando sea seguido por la ratificación o por el provecho del acreedor. Cuando, en cambio, el pago haya de ser considerado celebrado *útilmente*[1] respecto al *dominus,* se plantea el problema de si el *solvens* alcanza la liberación de su deuda de modo automático[2], esto es, independientemente de una eventual y sucesiva ratificación.

Acogiendo las enseñanzas prevalentes, que consideran el *utiliter coeptum* fuente especial del poder de representación, debería darse sin más respuesta afirmativa a la pregunta: es más, se haría hasta superfluo el tratar en este capítulo de la figura en examen, desde el momento en que la legitimación del gestor de negocios para recibir vendría a encontrarse comprendida en la legitimación atribuida genéricamente por el artículo 1188 al «representante» del acreedor.

---

1 No parece posible negar la abstracta admisibilidad de una útil gestión también frente a la actividad consistente en recibir pagos (cfr. «Cass», 6 agosto 1953, n. 2659, en *Rep. Foro ital.,* 1953, voz *Pagamento,* n. 13): no basta, en efecto, la infeliz formulación del artículo 2031 para limitar la relevancia del *utiliter coeptum* a los solos actos de eficacia constitutiva obligatoria (cfr., con particular referencia a los actos de disposición, pero con argumentos válidos para toda actividad de gestión sobre el patrimonio del interesado, DEIANA, «Gestione di affari altrui ed atti dispositivi», en *Riv. dir. comm.,* 1948, I, pág. 225, y especialmente págs. 254 y sgts.). La lata esfera de aplicación del artículo 2031 induce, sin embargo, a admitir una interpretación particularmente rígida del requisito del *utiliter coeptum,* indispensable para conciliar la automática imputación al *dominus* de los efectos de la gestión útil con la exigencia de tutelar la esfera de libertad del individuo de inmisiones ajenas. Exactamente, por esto, DEIANA, *op. cit.,* concluye que «cuando el gestor es conocedor del hecho de que no es intención del interesado efectuar un determinado acto y, pese a esto, él efectúa el acto, no se puede nunca hablar de útil gestión» (pág. 263) y que «no basta que el *dominus* esté ausente para que el gestor pueda útilmente ingerirse en los negocios ajenos, es necesario además que no esté en situación de advertir al ausente o que el negocio sea de tal naturaleza que sea indispensable proveer inmediatamente sin esperar las decisiones del interesado» (pág. 265).

2 El problema puede asumir notable relevancia. Piénsese en el caso del gestor que, recibido el pago, quiebra antes de restituir la prestación al acreedor: la falcidia de la quiebra gravará sobre el acreedor o sobre el deudor según que se atribuya o no eficacia liberatoria al pago efectuado útilmente en manos del *negotiorum gestor.*

La equiparación del *utiliter coeptum* a las otras fuentes del poder de representación no es, sin embargo, plenamente aceptable, y hasta no parece que deba seguirse una reciente tentativa[3] de revisión radical de la opinión dominante, que ha llegado sin más a negar la idoneidad de la gestión representativa para determinar una automática repercusión de la actividad del gestor sobre el patrimonio del *dominas*[4]. En mi opinión, la equiparación

---

3 AURICCHIO, «Contributo alla teoria della gestione reppresentativa», en *Studi Urbinati,* 1956-1957, págs. I y sgts. La tesis parte de la preocupación de garantizar suficiente tutela, en el caso de gestión desarrollada «en nombre» del *dominus,* al tercero que contrae con el *negotiorum gestor.* Se trata de la misma preocupación, por tanto, que ha impulsado a BALBI, «Negozio gestorio non utile e negozio reppresentativo senza procura», en *Studi economico-giuridici dell'Univ. di Cagliari,* 1939, págs. 419 y sgts., a entender, disintiendo de la opinión tradicional, que el negocio de gestión *non utile,* si bien concluido para el *dominus,* vincule directamente al gestor, a diferencia del contrato estipulado por el *falsus procurator.* En mi opinión, aparte la exigencia de precisar qué significado adquiere la «toma del nombre ajeno» en caso de gestión de negocios (a propósito, v. notas sucesivas), la preocupación de conceder al tercero que contrata con el gestor de negocio una adecuada tutela no justifica las soluciones referidas. En efecto: o el *negotiorum gestor* se comporta como un *falsus procurator,* declarando estar investido del poder de actuar en nombre del *dominus,* y entonces no hay razón para conceder al tercero una tutela distinta de la prevista por el artículo 1398; o bien, como sucede frecuentemente, el *negotiorum gestor* actúa sin invocar un inexistente poder de representación, pero con la intención declarada de actuar espontáneamente un negocio ajeno, y entonces el tercero, aceptando concluir negocios con un simple gestor no provisto de poder, acepta conscientemente el riesgo de que el acto no produzca efectos cuando no sea útil respecto al *dominus* o no sea por éste ratificado. El ejemplo (mutuo contraído por el gestor para pagar una deuda fiscal del ausente) aducido en contrario, últimamente, por AURICCHIO («La cd. rappresentanza di persona giuridica futura», en *Dirc. e giur.,* 1960 (pág. 556, nota 36) no parece persuasivo, precisamente porque no se trata de un negocio estipulado *en nombre ajeno:* el destino de la suma mutuada, en efecto, es indiferente para el mutante, el cual entiende tener relaciones sólo con el mutuatario y no con el ausente.

4 Es sintomático que esta tentativa haya sido desarrollada tomando en consideración los actos de eficacia obligatoria, respecto a los cuales la afirmación de una originaria incidencia en la esfera sólo del gestor, con sucesivo paso de la deuda al *dominus,* podría también parecer solución satisfactoria: pero respecto a toda la actividad de gestión *objetivamente* ajena (esto es, aquella en la que mayormente se advierte la exigencia de que el gestor actúe «en nombre» del *dominus),* la negación de una automática imputación de los efectos al gestio-

del *utiliter coeptum* a las otras fuentes del poder de representación es exacta solamente *quoad effectum,* esto es, por lo que se refiere a la automática imputación al *dominus* de los efectos de la gestión desarrollada útilmente «en su nombre»[5]. Sin embargo, mientras en los casos de verdadera representación, los supuestos de los cuales deriva el denominado poder de actuar en nombre ajeno constituyen un *presupuesto* de eficacia del acto, el *utiliter coeptum* da lugar a una *legitimatio superveniens,* en cuanto

---

nado se resolvería en una arbitraria restricción a la esfera dentro de la cual la destitución de la gestión puede operar.

5 En la base de las perplejidades suscitadas por el fenómeno de la «útil gestión representativa» está precisamente el equívoco de la noción del actuar «en nombre ajeno». En el artículo 2031, en efecto, a la «toma del nombre» del *dominus* no debe atribuirse el mismo significado que la expresión adquiere en el artículo 1388. La doctrina no percibe frecuentemente esta diferencia porque entiende que la toma del nombre se agota en la indicación de otro sujeto por parte del agente, como destinatario de los efectos del acto efectuado por el representante. En el capítulo precedente se ha visto, sin embargo, cómo este elemento no es suficiente para caracterizar el actuar representativo: la *contemplatio domini* concurre solamente cuando el agente funda su legitimación para cumplimiento del acto sobre un específico poder de comportarse como *alter ego* del interesado, poder concedido por la ley o por la misma voluntad del *dominus.* El *negotiorum gestor,* en cambio, a menos de comportarse como un *falsus procurator,* haciendo referencia a un inexistente poder de representar al interesado, no actúa *contemplatione domini:* actúa, sí, en nombre ajeno en el sentido genérico de indicar al *dominus* como destinatario de los efectos de la actividad desarrollada (y esto parece suficiente para rechazar la tesis de que, en contra de la voluntad declarada por el agente, quiere imputar al gestor los efectos de su actividad de gestión), pero no actúa «en nombre» del interesado en el significado técnico que la expresión adquiere en materia de representación. El gestor, en efecto, hace notorio a los terceros ser un simple gestor, esto es, una persona que, no habiendo recibido encargo alguno, pretende, sin embargo, cuidar los negocios del *dominus* ausente o imposibilitado, en la confianza de que su acción resultará útil para el interesado, o, en todo caso, será por este último ratificada. En consecuencia, la gestión representativa debe ser considerada de modo autónomo respecto a la representación en sentido técnico, a la cual no es reconducible más que bajo el común aspecto de la automática imputación al *dominus* de los efectos de la actividad desarrollada «en su nombre» por el gestor (este último, por lo demás, toma el nombre del interesado, frecuentemente, solamente cuando desarrolle negocios *objetivamente* ajenos, respecto a los cuales la plena eficacia del acto está, precisamente, condicionada a una directa relevancia suya frente al *dominus*).

el mismo desenvolvimiento de la actividad de gestión, y no ya un supuesto anteriormente perfeccionado, constituye la justificación de la eficacia directa del pacto frente al *dominus*. Se trata de una diferencia que, normalmente, no adquiere relieve, porque, tomando en consideración la *eficacia* del acto, se examina la gestión *después* de su desenvolvimiento. La diferencia entre el *utiliter coeptum* y las otras fuentes del poder de representación se manifiesta, en cambio, con claridad cuando, afrontando un problema preliminar respecto al de la eficacia, se pregunta si el gestor de negocios ajenos está legitimado para recibir el pago en sustitución del acreedor.

Sabemos, en efecto, que la legitimación del tercero para recibir no se justifica a base de un concepto de subrogación en el ejercicio del derecho del acreedor y, por tanto, a base de la eficacia liberatoria de la *solutorio,* sino que, al contrario, se funda en la existencia de una obligación del deudor —hacia su acreedor— de ejecutar la prestación en manos del tercero. Esta obligación subsiste cuando se trata de un verdadero representante, legal o voluntario, del acreedor, pero no subsiste frente al gestor, ni siquiera en el caso en que el cobro por parte de éste resulte útil al acreedor. La afirmación de la eficacia extintiva del pago al gestor, cuando concurra la utilidad del cobro respecto al *dominus,* no autoriza, en efecto, a entender que el deudor esté obligado a ejecutar la prestación frente a un tercero no legitimado que requiera el pago a título de gestor: esto significaría adosar al deudor la tarea de controlar si la *acceptio* de la prestación por parte del gestor presenta o no los requisitos de la utilidad respecto al *dominus*. Por el contrario, el deudor, para no sufrir los correspondientes riesgos, puede perfectamente pretender ejecutar el pago solamente en manos de quien esté *ya* legitimado en el momento del cobro, y no en las de quien espere una *legitimatio superveniens* precisamente por el cumplimiento de la *acceptio*.

En consecuencia, se debe afirmar que la negativa por parte del deudor a cumplir la prestación en manos de un *negotiorum gestor* es desde luego lícita, aun cuando el pago al gestor de negocios pueda resultar útil al acreedor. El gestor de negocios, por tanto, no es un destinatario de la prestación. Esto no quita para que, a base del general reconocimiento de la eficacia del *utiliter coeptum* como causa de indirecta imputación al *dominus* de los actos establecidos por el gestor «en nombre» del gestionado, el deudor, que haya en concreto efectuado la prestación en manos de un *negotiorum gestor,* alcance la liberación de la obligación.

3. El deudor, aun no realizando exactamente la prestación debida, se libera de la obligación cuando efectúe de buena fe el pago «a quien aparece legitimado para recibirlo a base de circunstancias unívocas» (art. 1189)[6]. La eficacia liberatoria del pago al denominado «acreedor aparente» constituye una hipótesis de tutela limitada de la buena fe, en cuanto que el error del *solvens* sobre la titularidad del *accipiens* deviene irrelevante en presencia del elemento objetivo representado por la situación de *apariencia*[7]. El hecho de que el pago, efectuado por el deudor para extinguir una (inexistente) deuda hacia el *accipiens,* determine la extinción de la (diferente) relación que liga al *solvens* al verdadero acreedor encuentra justificación en la relevancia de que la eficacia del pago al no acreedor se verifica cuando la intención solutoria del deudor está dirigida a la extinción de una relación individualizada, no a través de la titularidad del *accipiens,* sino a través de elementos *objetivos,* idóneos para consentir la referencia de la prestación a la relación efectivamente intermediante entre el *solvens* y el verdadero acreedor[8].

---

6 «El término circunstancias, usado por el artículo 1189 del Código civil, tiene un neto sabor objetivo: circunstancias son, como es obvio, las situaciones ambientales... preconstituidas al acto sobre el cual incide la apariencia y, por tanto, existen independientemente de toda apreciación del tercero» (FALZEA, voz *Apparenza,* en *Enciclopedia del diritto,* II, Milán, 1958, página 693).

7 Cfr. PUGLIATTI, *La trascrizione,* I, I, *La pubblicitá en generale,* Milán, 1957, pág. 258, el cual reconduce exactamente la situación de apariencia a un elemento objetivo que «más que devenir soporte de una particular tutela, constituye una limitación de la tutela que tiene por objeto la buena fe». La preocupación de PUGLIATTI es evitar que el término «apariencia» sea empleado, como sucede frecuentemente, «para designar todos los supuestos: la buena fe y su límite objetivo» *(op. loc.* cit.). A su vez, FALZEA, *op. loc.* cit., se preocupa de una confusión exactamente inversa y subraya, por esto, la ilegitimidad de «sostener que la apariencia no tiene relieve alguno autónomo y se agota totalmente en los confines de la buena fe».

8 Para una más amplia ilustración del principio véase mi «La ratifica del pagamento effettuato al non creditore», en *Riv. dir. civ.,* 1959, I, páginas 36 y sgts.

Afrontando el problema que más cercanamente nos interesa, es menester observar cómo exactamente ha sido aclarado que la denominada situación aparente viene tomada en consideración por el ordenamiento sólo en cuanto consiste en una «situación de hecho que manifiesta y hace parecer real una situación jurídica no real»[9]. Pero es necesario, además, precisar el significado que se atribuye, en el plano jurídico, a tal situación de hecho: esto es, precisar el contenido de esta desviación entre una legitimación «normal» y una legitimación «aparente».

Si de un lado, en efecto, puede ponerse el acento sobre la relevancia negativa, respecto a la cual, tratándose de una legitimación que es solamente aparente, en realidad la legitimación falta, de otro lado el acento puede ser situado sobre el sustantivo común, idóneo, se diría, para reconducir las dos figuras a tipos de una categoría única.

Lo correcto de uno o de otro planteamiento depende, en definitiva, del distinto concepto de legitimación que se tenga. En el caso, en efecto, de que se considere la legitimación como una particular situación subjetiva —poder o facultad—, que constituiría uno de los efectos jurídicos de la situación legitimante, la doctrina denuncia justamente el absurdo de atribuir al legitimado aparente la titularidad de una situación jurídica real, equivalente, al menos, bajo ciertos aspectos a la efectiva; no sería admisible que un poder o una facultad se disuelva en presencia de un estado subjetivo (mala fe) de un extraño[10]. Bajo este aspecto, por

9 FALZEA, *op. cit*, pág. 687.

10 Por último, FALZEA, *op. cit.*, pág. 691: «Frecuentemente, la doctrina, cediendo a las fáciles sugestiones de las fórmulas y falseando desde la raíz la perspectiva jurídica del fenómeno, ha convertido la inexistente titularidad del derecho subjetivo en la efectiva titularidad de otra titularidad subjetiva —poder jurídico o facultad jurídica— y la inexistente legitimación en una efectiva legitimación naciente de la situación de apariencia. El titular aparente del derecho subjetivo sería titular real de una situación jurídica equivalente, y el legitimado aparente sería legitimado real en fuerza de los diversos supuestos en los cuales consiste la apariencia. La doctrina más perspicaz ha demostrado el vicio lógico que anida en la verbal transfiguración de la titularidad inexistente en una titularidad real, haciendo observar que es absurdo la noción de un poder o de una facultad cuyo ejercicio está condicionado a la existencia de un determinado estado objetivo de otra persona —la buena fe del tercero—.» La

tanto, resulta evidente cómo el hablar de una legitimación puramente aparente se resuelve en reconocer la falta, no solamente del poder o de la facultad que constituye la consecuencia de la situación legitimante, sino también de un poder o de una facultad equivalente[11].

Si, en cambio, la legitimación es considerada exclusivamente como un «nexo entre hechos jurídicos y vicisitudes de relaciones, o sea, en el caso en examen, el nexo entre pago y liberación»[12], resulta arbitrario atribuir a la legitimación aparente un diverso modo de operar, en la producción de los efectos jurídicos, respecto a la legitimación normal o sustancial. En suma: si la legitimación constituye solamente un presupuesto de eficacia del acto, no es discutible —cuando el acto ante una diferente situación (denominada apariencia) sea igualmente idóneo para producir sus efectos, no obstante la falta de la situación legitimante— que, una vez realizada tal eficacia, la diversidad de hecho de los presupuestos no elimina la equivalencia causal frente aquel cierto efecto jurídico[13]. Así, respecto a la liberación del deudor, es incontestable que la titularidad del *accipiens* y las circunstancias

---

concepción de una legitimación aparente como situación jurídica autónoma, si bien de rango inferior respecto a la efectiva, está todavía profundamente arraigada a propósito de la denominada legitimación cartular, en materia de títulos , de crédito.

11 MEUGONI, *L'acquisto,* «a *non domino*», págs. 64 y sgts., pág. 270, nota 3.

12 SACCO, *La buona fede nella teoria dei fatti, giuridici di diritto privato,* Turín, s.d. (pero 1949), pág. 60, nota 29, el cual agudamente se funda en esta observación: «La distinción entre una legitimación (como situación jurídica cualificada por sus efectos) efectiva y una legitimación aparente revela el substrato iusnaturalístico: el no legitimado permanece tal desde el punto de vista natural, mientras que, desde un punto de vista de Derecho positivo, su negocio es válido y eficaz.»

13 FALZEA, *op. cit.,* pág. 699, contesta que el fenómeno de la apariencia puede venir explicado recurriendo al principio de los hechos equivalentes: esto porque el autor intenta subrayar que la situación aparente no garantiza una «recuperación» total de los efectos que el acto habría producido si hubiese sido cumplido por el verdadero legitimado. Sin embargo, frente a los singulares efectos que se verifican, y así, respecto al caso que aquí nos interesa, frente a la liberación del *solvens* que ha pagado al acreedor aparente, el fenómeno de la equivalencia de supuestos deviene innegable: no como *ratio iuris* de la norma, sino como su descripción técnica.

unívocas idóneas para fundar la aparente legitimación del tercero se presentan como presupuestos igualmente indispensables para la eficacia de la *solutio.*

La legitimación aparente, por tanto, por un lado se muestra irreducible a la legitimación normal o sustancial, mientras que por otro lado parece equivalente a ésta. Se ha tratado de superar el contraste recurriendo al concepto de *sanatoriedad* y atribuyendo a la apariencia «la misión... de recuperar para el derecho un supuesto que de otro modo sería jurídicamente inútil»[14]. Se trata de un modo expresivo para delinear la *ratio iuris* del fenómeno, no idóneo, sin embargo, para ofrecernos una explicación técnica: en efecto, el concepto de *sanatoriedad* postula una divergencia entre un acto ya celebrado y su modelo abstracto, divergencia que el supuesto sanante tiene la misión de eliminar[15]. En nuestro caso, en cambio, el acto celebrado no tiene necesidad de ser sanado, siendo ya de por sí eficaz.

Por tanto, para superar el contraste que anteriormente se ha delineado entre los dos aspectos bajo los cuales puede ser contemplada la legitimación aparente, basta tan solo con considerar que la característica de las denominadas situaciones aparentes consiste precisamente en la relevancia excepcionalmente atribuida al desenvolvimiento de la actividad a la cual la legitimación debería de estar referida: antes del acto, la legitimación que aparece es jurídicamente indiferente; en el cumplimiento del acto adquiere el papel de hecho jurídico equivalente al presupuesto de legitimación que falta.

Parece feliz, por tanto, la calificación de legitimación *de hecho* atribuida al fenómeno[16], ya que de ella emerge de qué manera la denominada apariencia es jurídicamente relevante sólo como reflejo de la eficacia atribuida a la realización del supuesto, y no constituye ella misma la justificación de tal eficacia.

Estas precisiones permiten plantear con claridad el problema del pago al acreedor aparente. Una vez efectuado tal pago, la identidad de la eficacia liberatoria hace evanescente la existencia

---

14 FALZEA, *op. cit.,* pág. 698.

15 Cfr. CONSO, *Il concetto e le specie di invaliditá,* Milán, 1955, particularmente pág. 33.

16 CARNELUTTI, *Teoria generate del diritto,* 3.ª ed., Roma, 1951, página 181.

de una diferencia respecto a la legitimación sustancial. Tal diferencia es, por esto, percibida antes de la celebración del acto: emerge, en aquel momento, como la prestación deducida en obligación no prevea el cumplimiento a quien «aparece legitimado para recibirlo a base de circunstancias unívocas», de modo que la negativa del deudor a pagar en sus manos es plenamente lícita.

De aquí deriva que, mientras la legitimación que tienen para recibir los sujetos a los cuales el deudor está obligado a pagar, constituye un reflejo del contenido de la obligación, la legitimación del acreedor aparente constituye un reflejo de la eficacia liberatoria concedida al pago que ya haya sido efectuado. No es, por tanto, correcto proyectar tal eficacia a un momento anterior a la celebración del acto, porque, en cualquier momento que preceda al pago al tercero, la existencia del deber, incompatible con aquel pago, excluye toda relevancia jurídica de la denominada situación aparente. Solamente cuando se determina un conflicto actual de intereses a causa de la *solutio* en manos del no acreedor —conflicto que el legislador, tutelando la buena fe del *solvens,* resuelve sacrificando el interés del titular del derecho[17]—, solamente en tal momento, extinguida la deuda, se manifiesta el papel de la situación aparente como elemento del supuesto del cual ha sido realizada la liberación del deudor. Esta liberación, por tanto, se reconduce a una norma muy distinta de la que justifica la liberación del deudor en caso de pago a quien sea efectivamente destinatario de la prestación.

De cuanto se ha venido diciendo debería resultar confirmada, además, la impropiedad de las afirmaciones según las cuales el deudor estaría *obligado* o, cuando menos, *autorizado* a prestar en manos del acreedor aparente[18]. Si con esto nos queremos refe-

17 FALZEA, *op. cit.*, pág. 698: «En el conflicto que se establece entre el interés del efectivo legitimado —interés que puede estar preservado sólo a través de la ineficacia— y el interés del tercero que a causa de la apariencia ha caído en un error objetivamente excusable —interés que, al contrario del primero, no puede encontrar satisfacción sino a través de la eficacia—, la Ley da la prevalencia a este último. El error objetivamente excusable en el supuesto de la apariencia desarrolla, por tanto, una acción sanante y... logra para el derecho un supuesto que de otro modo permanecería definitivamente ineficaz.»

18 Para una más amplia crítica de estas tesis, y al mismo tiempo para una más

rir solamente a la eficacia liberatoria del pago al acreedor aparente, el recurso a la idea de autorización es superfluo; si, en cambio, se quiere precisamente decir que el legislador autoriza al deudor a pagar al acreedor aparente, entonces el recurso a la idea de autorización es tajantemente erróneo: tampoco el legislador autoriza al deudor a pagar a un no legitimado para tomar sobre sí los riesgos de pagar dos veces, cuando el control de la legitimación del *accipiens* no haya sido llevado con la debida diligencia[19]. Puesto que, por tanto, antes del pago la situación aparente es, más que irrelevante, abiertamente en contraste con la obligación impuesta al deudor, el legislador estaría en contradicción consigo mismo cuando impusiese al deudor el pagar al titular y al mismo tiempo le autorizase a prestar al acreedor aparente.

4. El planteamiento dado a la materia del pago al tercero permite, en mi opinión, resolver de modo satisfactorio un problema que ha provocado un amplio interés y cuya relevancia práctica está confirmada por el elevado número de controversias que ha provocado[20]. Se trata de la extensión atribuible a la situación de «legitimado aparente» prevista por el artículo 1189. Según algunos, la norma debería estar limitada a la sola apariencia que se refiera a la titularidad del derecho[21], y esto a base de cuanto re-

---

exacta ilustración de su planteamiento y de los presupuestos dentro de los cuales son consideradas válidas, es preferible reenviar a las páginas relativas a la legitimación cartular (v. *infra,* págs. 140 y sgts.), donde el problema recibirá más adecuado tratamiento.

19 La buena fe requerida por el artículo 1189 está, en efecto, excluida, además de por el concreto conocimiento de la falta de titularidad en el *accipiens,* también por una ignorancia culpable de la omisión de una diligente aclaración de tal titularidad.

20 Cfr. «Cass», 8 octubre 1960, n. 2613, en *Mass. Giust. civ.,* 1960, página 988; «Cass», 6 noviembre 1958, n. 3618, en *Rep. Foro ital.,* 1958, voz *Pagamento,* n. 1; «Cass», 26 septiembre 1955, n. 2633, en *Giust. civ.,* 1955, I, página 1612; «Cass», 4 junio 1955, n. 1710, I, c. 1322; «Cass», 25 febrero 1953, n. 457, en *Riv. dir. comm.,* 1953, II, pág. 118; STOLFI, en *Banca, borsa e titoli di credito,* 1959, II, pág. 64, y en *Foro ital.,* 1951, I, c. 533; BARBERO, en *Foro pad.,* 1956, I, c. 257; AURICCHIO, en *Dir. e giur.,* 1956, pág. 435; MENGONI, en *Riv. dir. comm.,* 1953, II, pág. 118; GIORGIANNI, en *Foro pad.,* 1953, I, c. 323, voz *Creditore apparente,* en *Novissimo Digesto italiano,* IV, Turín, 1959, página 1157.

21 Salvo una eventual responsabilidad por daños del acrtedor que haya culpablemente creado la situación de aparente legitimación a favor de un tercero,

sulta de la rúbrica del artículo, que habla del pago al *«acreedor* aparente»; según otros, en cambio, el artículo 1189 debería ser aplicable también cuando la apariencia no concerniera a la titularidad del derecho, sino a una distinta situación que legitime el cobro del crédito (representación aparente, por ejemplo), y esto a base de cuanto resulta de la letra del artículo, que habla genéricamente de pago «a quien aparece *legitimado* para recibirlo».

En los capítulos precedentes hemos visto cómo la calificación de destinatario del pago es totalmente autónoma respecto a la titularidad del derecho, dependiendo exclusivamente del contenido de la prestación debida. La normal coincidencia en la misma persona de las cualidades de acreedor y de destinatario de la prestación es, por tanto, sólo una consecuencia del hecho de que, obviamente, es más fácil, y por esto más frecuente, que el interés del acreedor sea satisfecho por un resultado que se concrete directamente en una adquisición por parte suya: pero tal coincidencia no quita para que el acreedor sea destinatario de la prestación, no en cuanto a acreedor, sino porque el contenido de la prestación debida por el deudor prevé la ejecución del pago en sus manos.

Sobre la base de estas premisas es necesario preguntarse: el error del deudor, considerado relevante por el legislador a condición de que sea consecuencia de circunstancias unívocas, ¿es un error sobre la titularidad del derecho o un error sobre el contenido de la prestación debida, esto es, y precisamente sobre el sujeto que a base de la relación debe funcionar como *accipiens?* Si se responde en el primer sentido, está claro que no sea admisible aplicar el artículo 1189 al caso en que el deudor haya caído en error sobre la simple cualidad de legitimado para recibir de un tercero *(falsus procutator).*

En mi opinión, sin embargo, no puede dudarse de que la respuesta exacta sea la segunda. Y, en efecto, el error sobre la titularidad del derecho es totalmente irrelevante; piénsese en una

---

apariencia por la cual el *solvens* haya caído en engaño: últimamente, cfr. *ap.*, Milán, 15 enero 1960, en *Banca, borsa e titoli di credito,* 1960, II, pág. 235, y STOLFI, *Ancora sul pagamento al rappresentante senza potere.*

prestación que no comporte la ejecución a un destinatario[22]: ¿qué importa si el deudor erróneamente entiende que el acreedor es Ticio, mientras que, por el contrario, es Cayo? Lo qué interesa es solamente que el deudor haya exactamente efectuado la prestación debida. Y así, considerando la prestación de *tradere,* si el deudor se ha comprometido, por ejemplo, a prestar en manos de *adiectus solutionis causa, ¿qué* importancia puede tener el error del deudor acerca del titular del crédito, esto es, acerca del sujeto a cuyo favor el *accipiens* actúa? Siempre que el *solvens* haya tenido un comportamiento exactamente correspondiente al debido, el error sobre la titularidad del derecho permanece irrelevante.

Por tanto, en la hipótesis en que el deudor, entendiendo erróneamente que su acreedor, en vez de Ticio es Cayo, efectúa el pago en manos de este último, no es el error sobre la titularidad del crédito el que asume relevancia, sino el hecho de que el *solvens* no ha realizado el resultado debido, esto es, el hecho de que ha sido efectuada una prestación divergente respecto a la que constituía el contenido de la obligación. Debería, entonces, estar claro que el artículo 1189 se preocupa solamente de la hipótesis de que el error induce al deudor al cumplimiento de una prestación que, desde el punto de vista del destinatario, diverge de la debida. Sin embargo, así como hemos visto que la calificación del destinatario no depende de la titularidad del crédito, es necesario deducir que el artículo 1189 se limita a considerar el error que versa sobre el contenido de la prestación debida, y no el error que versa sobre la titularidad del derecho.

La conclusión del razonamiento es evidente: si el artículo 1189 tutela la buena fe del *solvens* que, a consecuencia de circunstancias unívocas, ha caído en error acerca del contenido de la prestación por él debida, y ha efectuado el pago en manos de un sujeto distinto de aquel que, a base de la relación, debería funcionar como destinatario de la prestación, no hay ninguna razón para limitar esta tutela al caso en que el error sobre la cualidad

---

22 Se pretende prescindir, de este modo, de tomar posición en tomo a la posibilidad de que el artículo 1189 encuentre a veces aplicación incluso a prestaciones distintas de dar una cosa, posibilidad que deja, no obstante, extraordinariamente perplejos.

de destinatario de la prestación dependa de un error sobre la titularidad del derecho[23]: lo que importa es que el deudor haya caído en error sobre el contenido de la prestación, y haya entendido deber efectuar el pago en manos de un sujeto no legitimado, en vez de en manos del verdadero destinatario. Ninguna relevancia, en cambio, se atribuye a la circunstancia de que el deudor haya considerado erróneamente legitimado al *accipiens* en cuanto titular del crédito o en cuanto titular de cualquier otra situación legitimante[24].

5. Es necesario afrontar ahora el caso más importante entre aquellos en que el legislador hace proceder la liberación del deudor de una prestación efectuada en manos de un sujeto que, a base del contenido de la relación, no es el destinatario del pago. Se trata del artículo 1992, que atribuye eficacia liberatoria al cum-

---

23 El haber precisado, en el plano sistemático, que el error del *solvens* previsto por el artículo 1189 es un error relativo al contenido de la prestación y no a la titularidad del derecho, podría no ser todavía considerado argumento decisivo en sostenimiento de la tesis admitida: el legislador podría haber limitado la tutela concedida a la buena fe del *solvens* al solo caso en que el error sobre el contenido de la prestación dependa, a su vez, de un error sobre la titularidad del derecho; y la razón de tal limitación podría estar reconocida, como entienden los autores de la interpretación restrictiva del artículo 1189, en el hecho de que el *solvens* tendría siempre la posibilidad de dirigirse al acreedor para fijar si el representante está verdaderamente legitimado. Sin embargo, la salvaguardia de todo riesgo de excesiva tutela del deudor está asegurada por la necesidad de que el pago esté acompañado por la buena fe del *solvens* y por circunstancias unívocas: por tanto, cuando la apariencia se refiere a una situación legitimante distinta de la titularidad, la *solutio* tiene eficacia liberatoria sólo cuando sea excluida toda violación de una carga de diligencia al fijar la efectiva subsistencia de la legitimación. En el mismo sentido, cfr. G. AMORTH, «La tutela del debitore diligente nel pagamento al falsus procurator», en *Temi*, 1960, págs. 20 y sgts.

24 Del pago al acreedor aparente se considera distinta la hipótesis del pago al acreedor que llamaré *interino* (pago al cesionario del crédito o al heredero testamentario antes de la anulación de la cesión o del testamento; pago al acreedor declarado tal con sentencia ejecutiva no definitiva). En estos casos, la eficacia liberatoria del pago no está condicionada a la buena fe del *solvens* y se justifica en cuanto la irrelevancia de la situación interina después de verificarse un hecho de eficacia retroactiva no implica nunca, en nuestro sistema, un cambio de las valoraciones de obligatoriedad o anti-obligatoriedad que el ordenamiento expresa *medio tempore* con relación al comportamiento de terceros.

plimiento efectuado, sin dolo o culpa grave, frente al poseedor de un título de crédito, «aunque éste no sea titular del derecho».

Dado que el presupuesto para la aplicación de tal norma es que el pago se efectúe al «poseedor de un título de crédito..., siempre que esté legitimado en las formas prescritas por la ley» (artículo 1992, párrafo 1.°), la doctrina ha elaborado el concepto de *possessio ad legitimationem* o «legitimación cartular»[25], para indicar sintéticamente los requisitos —posesión del título, acompañada, respecto a algunos tipos de documento, por otros elementos formales: inscripción en el título, serie continuada de endosos, inscripción en el registro del emitente— que deben concurrir para que aquella norma pueda encontrar aplicación.

La doctrina, al indicar la eficacia liberatoria atribuida al pago efectuado al legitimado cartular, suele hablar de legitimación *pasiva,* es decir, de legitimación para recibir (eficazmente) el cumplimiento. Respecto a esta figura se puede repetir todo lo que se ha observado a propósito de la legitimación del acreedor. Esto es: que es absurdo configurar un verdadero derecho o poder del legitimado en cuanto a tal, siendo inadmisible la idea de un derecho que corresponde o no corresponde según la buena o mala fe de otro sujeto; que, sin embargo, desde el punto de vista del efecto liberatorio del pago, no es posible desconocer la equivalencia, en el normal supuesto solutorio, de un supuesto distinto, en el cual a la titularidad del derecho sustituye el muy distinto elemento —si bien relevante sólo si no es acompañado de dolo o culpa grave— de la posesión cualificada del título; y, en fin, que respecto a la estructura del crédito, la denominada legitimación del poseedor no titular es un fenómeno completamente irrelevante, en cuanto la legitimación asume un significado solamente después de que ha sido consumada, de modo que no puede ser proyectada en una fase anterior a la *solutio:* es una legitimación que nace del hecho y en el hecho se consuma.

Pero de modo distinto respecto a la legitimación «pasiva» de que hemos hablado hasta ahora, algunas veces también para su

25 La rica bibliografía sobre el argumento está ampliamente citada en el reciente trabajo de PELLEZZI, «Esercizio del diritto cartolare e "legittimazione attiva"», en *Riv. dir. civ.,* 1959, I, págs. 148 y sgts.

directa justificación, la doctrina configura además otro tipo de legitimación, que constituiría también un reflejo de la posesión cualificada del título: la denominada legitimación «activa»[26]. Esta forma de legitimación manifestaría su relevancia en sede de «ejercicio del derecho», consistiendo precisamente en la idoneidad o potestad de pretender el pago[27]. No está, sin embargo, muy claro, qué es lo que quiere decir la doctrina con tales fórmulas.

Sobre todo, se afirma que la legitimación cartular atribuye al poseedor del título una potestad de exigir, en el sentido que, cuando en el curso de un juicio (no importa si ordinario o bien de oposición a decreto dictado o a la ejecución), surja disputa acerca de la titularidad del derecho en aquel que pretende el cumplimiento, éste no tiene necesidad de probar más que su «investidura formal», haciendo recaer sobre el deudor la carga de suministrar la prueba de que al portador el título no le corresponde, en realidad, el derecho de crédito[28]. Indudablemente, la distribu-

---

26 Naturalmente, la denominada legitimación cartular «activa» es aquí tomada en consideración sólo respecto al aspecto que atiene al fenómeno de la eficacia liberatoria del pago al portador del título, y no respecto a la eficacia traslativa del crédito que es reconocida al negocio de disposición establecido por el poseedor no titular: sobre esto véase MENGONI, «La regole "possesso vale titolo" nella circolazione dei titoli di credito e i rapporti fra l'art. 1994 e l'art. 1153 c. c.», en *Banca, borsa e titoli di credito,* 1949, I, páginas 12 y sgts.

27 En el fondo de las incertidumbres de la doctrina en materia de legitimación cartular está la equivocidad de la noción de ejercicio del derecho. ¿Qué significa, en general, ejercitar un derecho, y en particular qué significa ejercitar un derecho de crédito, que, siendo una situación jurídica *inactiva,* no constituye el presupuesto de legitimación de una actividad del titular?

28 Exclusivamente a esto reduce la legitimación activa PELLIZZI, *op. cit.,* en *Riv. dir. civ.,* 1959, I, págs. 153 y sgts., el cual advierte cómo sustancialmente toda la doctrina concuerda sobre este punto, empezando las disensiones sólo cuando se trata de demostrar que la legitimación activa comporta efectos ulteriores. El mismo PELLIZZI, sin embargo, entiende *(op. cit.,* pág. 521, nota 143) que la presunción de titularidad a favor del denominado legitimado es, sí, un efecto meramente *probatorio,* pero nunca un fenómeno solamente *procesal.* Esta contraposición no me parece convincente. Si con ella se pretende aludir al reflejo de *hecho* (sobre el cual *infra,* página 148, nota 36) que la existencia de una presunción ejerce incluso extrajudicialmente, es demasiado fácil replicar que no se trata de un efecto autónomo de derecho sustancial. Si, en cambio, se quiere subrayar la exoneración, a favor del legitimado cartular, de toda carga proba-

ción de la carga probatoria es precisamente la descrita, si bien no pueda decirme convencido que sea exacto expresar este concepto hablando de «inversión» del *onus probandi* o de «presunción legal (relativa) de titularidad»[29], porque semejantes definiciones parecen señalar una derogación de los principios generales en materia de carga probatoria: viceversa, como el artículo 2697 limita la prueba a cargo de quien hace valer un derecho en juicio a los solos «hechos que constituyen su fundamento», adjudicando a quien excepciona la ineficacia de tales hechos la tarea de probar «los hechos sobre los cuales la excepción se funda», es justificado dudar que en materia de títulos de crédito valga un principio que representa una derogación respecto al general (a menos que se hable impropiamente de presunción de titularidad, para indicar no la causa, sino la situación consiguiente a la distribución legislativa del cargo de la prueba entre las partes).

Sin embargo, prescindiendo de estos problemas, la distribución de la carga probatoria es un fenómeno de carácter procesal: la doctrina habla, en cambio, de la legitimación activa como de un concepto sustancial, que operaría en sede de ejercicio (por tanto, también extrajudicial) del derecho, atribuyendo a quien está investido de él una verdadera potestad o, dicho de otro modo,

---

toria *extrajudicial* relativa a la adquisición del crédito mediante transferencia por el originario titular (cfr. *infra*, pág. 151), es menester replicar que tal exoneración es un reflejo de las leyes que disciplinan la transferencia de los créditos cartulares en derogación de las normas sobre la cesión de derecho, común, leyes respecto a las cuales el hecho constitutivo de la vicisitud traslativa está documentado a través de la posesión (o de la posesión cualificada) del título mismo. En definitiva, la posición privilegiada del denominado legitimado cartular es idéntica a aquella de la que se vale quien tenga a disposición las pruebas líquidas de los hechos constitutivos de su crédito: se trata, por esto, de un fenómeno exclusivamente *procesal*, al cual puede atribuirse un valor sustancial sólo teniendo presente el riesgo (culminante en la denominada sentencia injusta) de que las situaciones de hecho tienden a adecuarse más a las situaciones de derecho *probables* que no a las efectivamente existentes, pero no siempre demostrables.

29 Sobre las relaciones entre el concepto de presunción y la carga de la prueba, cfr. Sacco, «Presunzione, natura costitutiva o impeditiva del fatto, onere della prova. Aspetti diversi di un fenomeno unico o fenomeni autonomi?», en *Studi in onore di Francesco Messineo*, I, Milán, 1959, páginas 419 y sgts. (también publicado en *Riv. dir. civ.*, 1957, I, págs. 399 y siguientes).

una situación de ventaja frente a quien no tiene a su propio favor tal legitimación[30].

Establecido que las obligaciones cartulares son todas, necesariamente, obligaciones *querables,* se podría pensar que el poder de pretender la prestación, reconocido al portador cualificado del título, significa que una petición extrajudicial de pago efectuada por este último determina sin más a cargo del deudor, en caso de inejecución, la responsabilidad por incumplimiento *(mora solvendi),* a menos que el deudor tome sobre sí la carga de «impugnar» la legitimación, asumiendo el riesgo de alcanzar a probar la falta de titularidad en el legitimado.

Una tesis semejante, sin embargo, es ciertamente inaceptable: es evidente, en efecto, que el deudor, frente a una solicitud extrajudicial de pago, de quien quiera que provenga, no está frente a carga alguna, cuando no tenga la intención de cumplir; y una eventual responsabilidad suya por incumplimiento puede depender exclusivamente del hecho de que el portador del título sea verdaderamente el titular del crédito, mientras que no podría ciertamente surgir como consecuencia de haber negado la prestación a quien, aun estando legitimado, no sea, sin embargo, acreedor.

Sólo impropiamente se habla de *impugnación* de la legitimación para indicar que, en el eventual juicio siguiente a la negativa de cumplimiento, gravará sobre el deudor la carga de probar que su negativa era justificada, no siendo acreedor el portador del título. Pero esto no significa que la negativa de cumplir sea sin más ilegítima por haber sido opuesta a quien estaba formalmente investido en el derecho: en efecto, o en el curso del juicio el deudor llegará a probar que el legitimado no es acreedor, y entonces su negativa resultará no sólo justificada, sino que estaría obligado a ella; o bien no llegará a dar tal prueba, y entonces su negativa será considerada ilícita no porque esté opuesta a un sujeto formalmente investido, sino más bien porque está opuesta

30 Cfr., últimamente, G. FERRI, «La diligenza del banchiere», en *Banca, borsa e titoli di credito,* 1958, I, pág. 14: «El poseedor del título de crédito no "aparece", pero "está" legitimado para pretender del deudor la prestación.» Véanse, además, los autores citados en PELLIZZI, *op. cit.*, en *Riv. dir. civ.*, 1959, I, pág. 156, nota 31.

al efectivo titular del crédito[31]. Nos queda, por esto, confirmado que, desde esté punto de vista, ninguna relevancia se atribuye a la denominada legitimación activa en cuanto que el deudor está obligado a la prestación frente al acreedor y no frente a quien presente la sola investidura formal.

Por lo demás, se puede todavía observar que es tan poco ilegítima la negativa opuesta al portador del título en cuanto a tal, que, si al deudor se debiese dirigir un reproche de negligencia por haber pagado sin poner de relieve la falta de titularidad del *accipiens* (esto es con culpa grave por no hablar del dolo), el pago sería inválido y no tendría efecto liberatorio, a ulterior demostración de la inconsistencia del pretendido «poder» de requerir al cumplimiento, que correspondería al legitimado[32].

6. Probablemente, sin embargo, al afirmar que la relevancia de la denominada legitimación activa se manifiesta en sede de ejercicio del derecho, la doctrina pretende decir algo distinto de los significados ya tomados en consideración, algo de por sí indiscutiblemente exacto: esto es, que el deudor, frente al requerimiento de pago del legitimado cartular, no puede justificar su negativa a cumplir pretendiendo que le sean suministradas otras pruebas (extrajudiciales) del derecho. Por tanto, quien se

---

31 Tampoco vale objetar que el caso a tomar en consideración no es el de un legitimado que sea también titular, sino el de un legitimado que *no* sea acreedor, en cuyo caso, frustrada la prueba de la falta del derecho en el legitimado, la condena del deudor confirmaría la autónoma relevancia que se debería conceder a la denominada legitimación activa. Es fácil replicar que, prescindiendo del grave problema de la sentencia injusta, no existe otra verdad, en el plano jurídico, sino la que resulta de la fijación judicial que causa estado entre las partes: por tanto, la valoración de la ilicitud de la negativa de cumplimiento estará basada en la fijación (si bien errónea) de que el legitimado era efectivamente titular, fijación contra la cual no se puede oponer un distinto convencimiento.

32 En verdad, el artículo 1992, párrafo 1.°, expresamente afirma: «El poseedor de un título de crédito *tiene derecho a la prestación* en el mismo indicada.» Sin embargo, se ha hecho observar que «la incorrección de esta última calificación es tan grave como fácil de advertir» (MENGONI, «Note in tema di pagamento e acquisto in buona fede di titoli all'ordine», en *Banca, borsa e titoli di credito,* 1950, II, pág. 15), poniendo en confrontación el párrafo citado con el principio del mismo artículo.

presenta exhibiendo a propio favor los requisitos de la *possessio ad legitimationem* coloca al deudor frente a la alternativa de pagar, corriendo el riesgo de la falta de titularidad, o de rechazar el pago, corriendo el riesgo de sufrir las consecuencias de la responsabilidad por incumplimiento: el deudor no puede esperar evitar tal alternativa subordinando, sin responsabilidad por el retraso, la ejecución de la prestación a una previa demostración de la titularidad del derecho por parte de aquel que demanda el cumplimiento. No se objete que es absurdo exponer al deudor a una responsabilidad alternativa, o por incumplimiento o por cumplimiento inválido, y que, por tanto, su «obligación de diligencia es correlativa a la carga de prueba que grava sobre aquel que se presenta a cobrar la prestación, no puede ser nunca más rigurosa»[33]: al contrario, la validez del pago efectuado con culpa grave al legitimado demuestra precisamente que el deudor no puede sin más contentarse con controlar solamente la investidura formal, sino que está obligado también, en los límites de aquel grado de diligencia cuya violación implica culpa grave, a controlar si a la investidura formal corresponde la efectiva titularidad del crédito.

Por tanto, es exacto decir que, si el poseedor, legitimado según la ley de circulación del título, presenta el documento al deudor pidiendo la ejecución de la prestación, el deudor no puede pretender otras pruebas del derecho e incurre sin más en responsabilidad por incumplimiento cuando en el curso del juicio, que probablemente tendrá iniciación a continuación de su negativa, no alcance a probar el defecto de titularidad del legitimado; se trata, sin embargo, de ver si es correcto expresar este concepto elaborando una particular figura de legitimación (activa). A tal fin parece necesario ampliar la investigación, poniendo en comparación la posición atribuida al legitimado cartular por la posesión del documento con la que, en caso de crédito común, corresponde a quien pretende el cumplimiento exhibiéndose acreedor.

Frente a un requerimiento (extrajudicial) de pago ¿puede el deudor subordinar la ejecución de la prestación a la previa

33 MARTORANO, «Documenti di legitimazione, titoli impropri e buona fede nell'adempimento», en *Banca, borsa e titoli di credito,* 1956, II, página 50.

demostración de la titularidad del derecho por parte del que se afirma acreedor? Está claro que si a esta pregunta se le da una respuesta positiva, se viene a atribuir gran importancia a la legitimación cartular, que aseguraría al portador del título una posición notablemente mejor que la del normal acreedor. Sin embargo, considerar legítima la negativa de cumplir opuesta por el deudor hasta que le sea ofrecida la demostración de la titularidad del crédito por parte de quien reclama la prestación sería ciertamente absurdo, porque comportaría a cargo del acreedor, fuera del juicio, una carga probatoria sin duda más severa que la que grava sobre él en el curso de un proceso, desde el momento en que en el caso de litis judicial estaría obligado a probar sólo los hechos constitutivos de su derecho.

Se podría, sin embargo, atenuar la respuesta positiva y sostener que el deudor está autorizado a pretender, antes de efectuar la prestación, si no la demostración de la existencia del crédito, al menos la prueba de los elementos suficientes para integrar la denominada investidura formal del derecho, en conformidad a la regla general (art. 2697), según la cual el acreedor está obligado a la sola prueba de los hechos constitutivos de su derecho (denominados presupuestos «formales»), haciendo así recaer sobre el deudor la carga de probar su ineficacia (o sea, la falta de los denominados presupuestos «materiales»). De tal modo la disciplina del crédito cartular quedaría equiparada a la de cualquier otro crédito, atribuyendo al concepto de legitimación «activa» un alcance general, válido también fuera del campo de los títulos de crédito. Y en este sentido se creía poder argumentar, bajo la vigencia del Código antiguo, por la norma que atribuía eficacia liberatoria al pago efectuado a quien se encontrase en la «posesión del crédito», interpretando precisamente la expresión como «investidura formal» en el derecho, o sea, como existencia, a favor de quien pretendía el pago de un título (entendido no como documento, sino como acto constitutivo del derecho), si bien ineficaz o viciado[34].

---

34 G. FERRI, «La legitimazione all'esercizio del diritto cartolare», en *Banca, borsa e titoli di credito,* 1935, I, pág. 169, s. e. 234. Pero el mismo FERRI (en *Banca, borsa e titoli di credito,* 1958, I, pág. 13) limita ahora el pretendido relieve de la denominada legitimación *activa* a los solos créditos cartulares, excluyendo el artículo 1189.

Sin embargo, ni siquiera esta tesis puede ser admitida. Contra ella no sería decisivo todavía referirse al artículo 1189 del nuevo Código, que, disipando las incertidumbres relativas a la interpretación de la correspondiente disposición del Código antiguo, expone claramente no condicionar la tutela del *solvens* de buena fe a la denominada investidura formal[35]; son insuperables, en mi opinión, otras dos objeciones. La primera se refiere a la imposibilidad de transportar los principios relativos a la carga probatoria fuera del proceso[36], dado que el artículo 2697 claramente subraya cómo estos principios deben encontrar aplicación cuando se quiere «hacer valer un derecho *en juicio*». Apenas es el caso de recordar que las reglas relativas a la distribución de la carga probatoria en el proceso encuentran su justificación en la exigen-

35 En efecto, la denominada investidura formal puede no ser suficiente para concretar las «circunstancias unívocas» sobre las cuales debe fundarse la apariencia de titularidad para que sea aplicable el artículo 1189, mientras que pueden considerarse suficientes circunstancias que no entren en el concepto de investidura formal. El artículo 1189, en suma, se limita a regular el fenómeno de la denominada legitimación activa, esto es, de las condiciones para la eficacia liberatoria del pago al no acreedor, y, por tanto, no puede ser invocado cuando se trata de discutir acerca de la denominada legitimación activa, esto es, de los elementos que deben acompañar a una petición extrajudicial de pago para hacer ilegítima la negativa de cumplir opuesta por el deudor.

36 Otra cosa es, en cambio, decir —exactamente— que «el efecto de orden procesal, de la investidura formal, constitutivo de una presunción legal de derecho, ejerce un poderoso reflejo sobre el terreno sustancial. En las relaciones cartulares, el deudor no sólo puede, sino que debe fiarse del legitimado. No ya en el sentido de una obligación jurídica (*sollen*), cuanto de una *necessitas* de hecho (*müssen*), en que el deudor es inducido por efecto de la posición procesal del legitimado, en cuanto formalmente investido en el derecho: el obligado —salvo el caso, no frecuente, en que tenga a disposición una prueba líquida de la no titularidad del poseedor del documento— se verá constreñido a pagar, para no exponerse a una persecución judicial, en la cual el adversario estaría asistido de una presunción *iuris*, y, por tanto, a la probabilidad casi cierta de la ejecución forzosa, comprensiva también de los daños» (MENGONI, *op. cit.*, en *Banca, borsa e titoli di credito*, 1949, I, pág. 29, en nota 33). Estas proposiciones me parecen indiscutibles: pero precisamente por esto inidóneas para caracterizar la posición del legitimado cartular en sus relaciones con todo otro sujeto que tenga a disposición la prueba de los hechos constitutivos del derecho de crédito, de modo que en el eventual juicio el deudor estaría constreñido a asumir la carga y el riesgo de la prueba de la falta de titularidad.

cia de resolver la controversia cuando en el curso del juicio no se haya alcanzado la certeza de si determinados hechos se han o no se han verificado: incerteza que puede ser superada sólo adjudicando a las partes el riesgo respecto a la falta de prueba a base de criterios de distribución que constituyen, cabalmente, las reglas relativas a la carga probatoria[37]. Una exigencia, por tanto, que se manifiesta sólo en el curso de un juicio.

Transportar las reglas relativas a la carga probatoria fuera del proceso, autorizando al deudor a no cumplir hasta que el acreedor haya efectuado la carga de probar extra judicialmente los hechos constitutivos de su derecho, conduciría, además, a consecuencias absurdas y peligrosas. Por un lado, en efecto, se llegaría sin más a subordinar a la disponibilidad de las pruebas del crédito la misma existencia de la obligación, anulando la distinción entre el perfil sustancial del derecho y el probatorio. Por otro, se comprometería gravemente la tutela concedida al acreedor, ofreciendo al deudor la cómoda escapatoria de aducir, en justificación de su retraso en el cumplir, la falta o la insuficiencia de las pruebas del derecho exhibidas por quien pretende la ejecución de la prestación. Y esto tanto más porque el concepto de prueba tiene sentido cuando se refiere al juez que tiene el poder de valuarla, mientras que deviene totalmente genérico e inaprehensible cuando se abandona a la valoración subjetiva de las partes con intereses contrapuestos.

La segunda objeción a la tesis que quisiera autorizar al deudor a pretender, sin responsabilidad por el retraso, la prueba extrajudicial de los hechos constitutivos del derecho del cual se le pide el cumplimiento, se recaba del artículo 1218, cuya formulación no deja dudas sobre el punto de que la única causa de exoneración del deudor de la responsabilidad por la fallida

---

37 Cfr., últimamente, Sacco, *op. cit.*, en *Studi in onore di Franceso Messineo,* I, pág. 423: «Cuando un hecho no está probado, ni está probado el contrario, las consecuencias perjudiciales de la frustrada prueba recaen sobre una de las partes, con toda la ventaja para la otra. Esto no implica una verdadera y propia carga de la prueba a cargo de alguno, sino solamente un riesgo de la frustrada prueba a cargo de alguien. El concepto de "riesgo por la frustrada prueba" comporta una subjetivización del perjuicio derivante del no conseguimiento de la demostración del hecho.»

ejecución de la prestación debida está constituida por la imposibilidad no imputable[38].

Estas observaciones deberían ser suficientes para convencer de que no existe un principio general que imponga al acreedor una carga de probar su derecho en el momento en que pretende el cumplimiento[39]. Es, sin embargo, innegable que aparece como excesivamente riguroso el rígido criterio de no exonerar nunca al deudor de las consecuencias respecto al incumplimiento, ni siquiera cuando la negativa a efectuar la prestación sea debida a la duda sobre la efectiva existencia del derecho o sobre la respectiva titularidad en quien pretende su cumplimiento. Se ha sugeri-

---

38 La fórmula de la norma correspondiente del BGB (párrafo 285) es más amplia, porque libera de responsabilidad al deudor respecto a toda circunstancia por la que el deudor mismo no deba responder, enunciando una noción que es extendida a comprender también la hipótesis de ignorancia culpable de la existencia de la obligación: por todos, cfr. OERTMANN, *Recht der Schuldverhältnisse,* Berlín, 1928, sub párrafo 285, pág. 199.

39 No se puede, por tanto, aceptar la común opinión, según la cual en el caso de pago al acreedor aparente, contrariamente a cuanto sucede en el caso de la legitimación cartular, el deudor «ante la simple sospecha puede negar el cumplimiento y exigir una ulterior documentación, sin por esto incurrir en responsabilidad alguna» (MARTORANO, *op. cit.,* en *Banca, borsa e titoli di credito,* 1956, II, pág. 52). No me parece exacto que el deudor «puede negarse a confiar en la apariencia y constreñir al acreedor aparente, que le demanda la prestación, a dar la prueba de la titularidad» (MENGONI, *op. cit.,* en *Banca, borsa e titoli di credito,* 1949, I, pág. 29, en nota): puede, indudablemente, constreñirlo a tal prueba, pero sólo en el curso de un juicio y asumiendo el riesgo de la responsabilidad por incumplimiento, no distintamente, por tanto, de lo que debe decirse respecto al legitimado cartular. Véase, en cambio, G. FERRI, *I titoli di credito,* 2.ª ed., Turín, 1958, página 12: «La obligación de fijar las condiciones de legitimación que por ley grava sobre el deudor no es independiente de la obligación de demostrar la legitimación que grava sobre aquel que se presenta a cobrar, pero es obligación que se determina precisamente en relación a aquello que grava sobre aquel que se presenta a ejercitar el derecho.» El razonamiento, y toda la concepción de la legitimación como investidura formal, se rije en cuanto se crea a esta obligación del acreedor de suministrar *extrajudicialmente* las pruebas del propio derecho. Pero tal obligación no existe: de este modo la obligación de fijar, por parte del deudor, la legitimación de quien pretende el pago no es un reflejo de la legitimación activa, esto es, de la investidura formal, sino de la legitimación pasiva, esto es, de la eficacia liberatoria atribuida al pago efectuado de buena fe al acreedor aparente.

do por esto una atenuación —basada en la referencia al principio de la buena fe (art. 1175) en la ejecución de las obligaciones— en el sentido de considerar legítima la pretensión del deudor de subordinar el cumplimiento a una previa exhibición de pruebas, cuando la adquisición del derecho por parte del reclamante sea la consecuencia de sucesos verificados fuera de la esfera del deudor, de modo que éste no pueda decirse obligado a conocerlos[40].

La deuda resultante de un título de crédito o de un documento de legitimación entra precisamente entre estos casos: en efecto, dado el destino del título a circular sin necesidad de notificación al deudor, o, cuando menos, dada la necesidad de efectuar una pluralidad de prestaciones homogéneas frente a una pluralidad de sujetos, está claro que sería absurdo pretender que el deudor esté obligado a saber en manos de quién ha acabado el título por él emitido; o sea, que esté obligado a recordar, no obstante et carácter de masa con que se desarrollan ciertas actividades económicas, la identidad del derechohabiente a la prestación. Esto porque, en derogación de los principios comunes, y en tutela del deudor, en materia de créditos cartulares vale el principio que subordina la ilegitimidad de la negativa a cumplir por parte del deudor a la previa exhibición del título y a la demostración de la regularidad formal de su circulación[41]; lo que confirma la necesidad de atenuar en determinados casos la rigidez de la regla que exonera al acreedor de la oferta extrajudicial de toda prueba, adjudicando al deudor el riesgo de la alternativa de pagar mal, o denegar ilegítimamente el pago.

Detengámonos ahora en el principio según el cual el deudor en el campo de los títulos de crédito, puede legítimamente negar el pago incluso a quien sea ciertamente acreedor, hasta que le sea

40 Véase mi «Invalidità o inefficacia della cessiones del credito e posizione del debitore ceduto», en *Il diritto dell'economía,* 1958, págs. 244 y siguientes.

41 Esto, por tanto, es el significado atribuible al artículo 1992, según el cual «el poseedor de un título de crédito tiene derecho a la prestación en el mismo indicada *contra presentación del título,* siempre que esté legitimado en las formas prescritas por la Ley». Eliminado el esquema de un derecho del poseedor (cfr. *retro,* nota 32), la disposición referida sanciona no el derecho del portador del título, sino el derecho del deudor de negar el pago incluso al efectivo titular, si no le es exhibido el documento.

presentado y ofrecido en restitución el título: en primer lugar, como ya se ha notado exactamente[42], la restitución del título, y, por tanto, su exhibición, no constituye en modo alguno una condición para la misma eficacia del pago, porque el deudor, si quiere, puede sin duda cumplir válidamente en manos del verdadero acreedor, aunque no obtenga la entrega del título. En segundo lugar, el principio de referencia opera sólo a favor del deudor, tanto para permitirle individualizar fácilmente el sujeto frente al cual existe la obligación de ejecutar la prestación (y por esto es necesario la exhibición del título y la demostración de la regularidad formal de su circulación), como para evitarle el riesgo de una ulterior circulación o de un nuevo pago (y por esto es necesario la entrega del título).

La consecuencia de tales observaciones es que la licitud de la negativa a cumplir, aunque opuesta a quien sea ciertamente acreedor, hasta que sea exhibido y ofrecido en restitución el título, principio en que debería manifestarse el fenómeno de la denominada legitimación *activa,* no constituye en modo alguno una *facultad* o, en otras palabras, una ventaja atribuida al legitimado cartular. Puesto que éste está obligado a dar la prueba de su investidura formal, mientras que normalmente el acreedor no cartular no está obligado a ofrecer extrajudicialmente prueba alguna de su derecho, es evidente que la denominada legitimación activa, más que como *facultad,* se presenta como un *onere* del acreedor cartular, una agravación de su posición, frente a la que corresponde al acreedor normal.

Para concluir sobre este delicado problema, entiendo que se puede sostener que los principios de la materia de los títulos de crédito no son distintos de los examinados a propósito de los créditos no cartulares: destinatario del pago puede ser solamente el acreedor u otro de los sujetos de los que hemos hablado en el capítulo precedente. A estas figuras no se puede añadir, como figura particular de destinatario de la prestación, el denominado legitimado cartular, porque tal legitimación no atribuye a quien está investido de ella facultad alguna especial ni le asegura un tratamiento privilegiado (denominada legitimación *activa)* frente

42 Pellizzi, *op. cit.,* en *Riv. dir. civ.,* 1959, I, 165 y nota 52.

a cualquier otro sujeto que se afirme acreedor y esté en condición de probar los hechos constitutivos de su (pretendido) derecho. Por tanto, las indiscutibles ventajas de que goza el legitimado cartular constituyen exclusivamente el reflejo de la denominada legitimación *pasiva,* esto es, de la eficacia liberatoria reconocida al cumplimiento ejecutado sin dolo o culpa grave en sus manos[43]: tal eficacia, sin embargo, como ya se ha puesto de relieve, no es suficiente para considerar al acreedor aparente o al legitimado cartular destinatarios de la prestación. La ejecución de la prestación en sus manos no puede, por tanto, calificarse *pago de deuda,* sino que constituye, al contrario, una prestación *no* debida a la que excepcionalmente el legislador anuda eficacia liberatoria.

7. Pasemos ahora a la hipótesis del pago a un tercero que, siendo acreedor del titular del crédito hacia el *solvens,* ejercite en vía subrogatoria los derechos de su deudor. También respecto a esta hipótesis se presenta la duda de si es exacta su colocación en el presente capítulo, en vez de en el precedente: así como se suele decir que el artículo 2900 atribuye al acreedor una especial legitimación para ejercitar frente a los terceros los derechos de su deudor de modo plenamente eficaz para este último, se podría entender que, tratándose de derecho a obtener la entrega de una cosa, el acreedor que actúa en vía subrogatoria está legitimado para recibir la prestación y se presenta, por tanto, como verdadero destinatario del pago en sentido técnico.

Y en verdad se ha afirmado explícitamente que no existirían obstáculos para considerar *obligado* al deudor, y, naturalmente,

43 Debe, por tanto, excluirse también otra diferencia frecuentemente expuesta en la interpretación de los artículos 1189 y 1992, y es aquella por la cual el pago al legitimado cartular, a diferencia del pago al acreedor aparente, no seria inválido ni siquiera cuando el deudor, aun estando en conocimiento de la falta de titularidad en el portador del título, no tenga pruebas líquidas para demostrarlo en juicio; me parece que se trata de una regla exacta y sin duda aplicable en tutela del deudor, pero se trata de una regla que precisamente por ésto debe de poder ser aplicada también en la hipótesis prevista por el artículo 1189. Por esto, si el acreedor aparente está en situación de probar los hechos constitutivos del derecho pactado, no debe excluirse la buena fe del *solvens* cuando el deudor, aun conociendo la falta de titularidad del acreedor aparente, haya igualmente pagado, porque no está en situación de procurarse las pruebas de tal falta.

sólo frente a su acreedor, a ejecutar la prestación en manos del tercero que pretenda el pago *utendo iuribus,* a condición de que «haya sido judicialmente reconocida la legitimación subrogatoria del acreedor», el cual vendría a asumir, por tanto, «la calidad de un *adiectus solutionis causa,* cuya investidura procede no de la voluntad del titular, sino de la ley»[44]. Partiendo de este punto de vista, se podría sostener que, tratándose de obligación de dar, el contenido del deber prevé alternativamente la ejecución de la prestación en manos del acreedor (o de uno de los sujetos catalogados en el artículo 1188) o en manos de un tercero que haya hecho judicialmente fijar su legitimación para ejercitar en vía subrogatoria el crédito: este tercero, por tanto, se ría considerado como verdadero destinatario del pago.

No es discutible que, si el deudor ejecuta la prestación en manos de un sujeto a cuyo favor subsistan todos los presupuestos requeridos por el artículo 2900 porque sea admisible el ejercicio en vía subrogatoria del derecho del acreedor, del pago así efectuado derive la liberación del *solvens*[45]. Esta premisa, sin embargo, no conduce sin más a entender que el deudor estaría directamente *obligado* —frente a su acreedor— a prestar en manos del tercero que actúe en vía subrogatoria: También en la hipótesis ahora en examen, en efecto, como en las demás figuras ya consideradas en el presente capítulo, la liberación del deudor está reconducida a una intervención legislativa que, no obstante el fallido cumplimiento de la obligación, anude a la ejecución de una prestación distinta de la debida la extinción de la obligación. En caso contrario, no nos deberíamos limitar a reconocer la eficacia liberatoria de la prestación efectuada al tercero que actúe en vía subrogatoria, sino que se debería, además, admitir que el deudor no pueda negar legítimamente la ejecución de la pres-

---

44 NICOLÒ, «Dell'azione surrogatoria», en *Commentario del codice civile,* al cuidado de Scialoja y Branca, *Tutela dei diritti,* arts. 2900-2969, Bolonia-Roma, 1953, sub art. 2900, pág. 172.

45 En este sentido también SACCO, *Il potere di procedere in via surrogatoria,* Turín, s.a. (pero 1955), pág. 219, el cual advierte, no obstante, exactamente que la ejecución de la prestación en manos del tercero que actúa en vía subrogatoria no es verdadero «pago, aun teniendo eficacia liberatoria para el *solvens*» (220, nota 3).

tación al acreedor de su acreedor. Esta consecuencia parece, sin embargo, particularmente grave: imagínese, por ejemplo, que el deudor haya ya hecho a su acreedor la oferta no formal de la prestación debida (art. 1220); esto no obstante, el deudor incurriría en las consecuencias de la *mora solvendi* y en la responsabilidad por el retraso, cuando negase el cumplimiento al tercero que se presentase a cobrar la prestación invocando los principios de la subrogatoria. Con esta tesis se acabaría, por tanto, con adjudicar al deudor el riesgo de criticar y valuar la legitimación del tercero para actuar *utendo iuribus,* consecuencia que, aparte aparecer intrínsecamente excesiva e inicua frente al deudor, no está en modo alguno justificada por las exigencias que la institución de la subrogatoria tiende a satisfacer, y que están establecidas exclusivamente en defensa del interés del acreedor a cuyo favor viene concedido el ejercicio de los derechos de su deudor, pero sin que esto pueda nunca comportar el sacrificio del interés de un sujeto, extraño respecto a la relación de crédito, al cual está concedida la subrogatoria.

Se nos podría objetar que el razonamiento desarrollado no es en modo alguno incompatible con la aceptación de la tesis que considera al deudor obligado a prestar en manos del tercero que, en vía subrogatoria, hace valer hacia el deudor el derecho del acreedor, en cuanto que, precisamente teniendo presente la necesidad de evitar una adjudicación de riesgo al deudor, la tesis ha sido enunciada con la limitación de que la obligación de prestar en manos del tercero surja sólo después de que la legitimación de este último a subrogarse al acreedor haya sido fijada judicialmente. Sin embargo, no parece claro en qué disposición estaría contenida esta fijación judicial, de la cual traería origen el deber del deudor.

Puede suponerse que se piense en la sentencia de condena del deudor pronunciada a continuación de la acción judicial promovida por el tercero a base del artículo 2900, desde el momento en que tal sentencia debe necesariamente fijar en vía preliminar la legitimación del actor para ejercitar en vía subrogatoria el derecho del acreedor. Constituye, sin embargo, punto pacífico en materia de acción subrogatoria el que el actor no puede pedir una sentencia a su propio favor, sino que debe limitarse a pedir la condena a favor del *acreedor:* de aquí deriva que tal sentencia fija la legitimación del actor a los solos fines de controlar la regularidad del contradictorio y, por tanto, sin valor alguno de cosa juzgada, mientras que el objeto de la fijación del juez sobre el cual se forma la cosa juzgada viene dado exclusivamente por el derecho hecho valer en juicio, respecto al cual el actor es un tercero. La sentencia de condena no cambia, por tanto, la situación jurídica precedente por lo que respecta a las relaciones entre el deudor y el tercero: si antes del juicio no existía una obligación de prestar en manos del tercero, esta obligación no se viene a constituir tampoco a continuación de la sentencia; y así como no es admisible adjudican: al deudor, antes de la decisión del juez, el riesgo de controlar la legitimación del tercero para recibir la prestación, del mismo modo no se le puede adjudicar tal riesgo después de la sentencia, la cual no causa estado sobre la legitimación subrogatoria del tercero, que, fijada a los solos fines de la regularidad del juicio, podría desaparecer sucesivamente, esto es, en el momento en que el tercero se presente al deudor pretendiendo la ejecución de la prestación en sus propias manos.

Para salvar la tesis que estamos examinando, en consecuencia, no quedaría sino pensar en la acción de mera fijación de la existencia del poder del tercero para proceder en vía subrogatoria. Entiendo sobre todo que hay que excluir sin más tal acción de fijación, porque la posibilidad de obtener sentencias meramente declarativas está ligada al interés a la certeza de las relaciones jurídicas, y no puede ser invocada cuando se trata de poderes instrumentales destinados a operar en el futuro[46]. Pero, aun cuando fuese admisible obtener una sentencia de mera fijación del poder de actuar en vía subrogatoria, no me parece que quedaran superadas las objeciones ya hechas, en cuanto que una sentencia de mera fijación no puede estar preordenada a producir efectos de derecho sustanciales, cual sería la constitución de la obligación a cargo del deudor de ejecutar la prestación en manos del tercero[47].

46 Cfr. ALLORIO, «Per una teoria dell'oggeto dell'accertamento giudiziale», en *Jus,* 1955, pág. 167. En contra, GIAMPICCOLO, voz *Azione surrogatoria,* en *Enciclopedia del diritto,* IV, 1959, pág. 954.

47 La fijación de la legitimación del tercero para actuar en vía subrogatoria, en efecto, se limitaría a remover el inconveniente de hacer adquirir al deudor el

Se puede, por tanto, concluir en el sentido de que el pago a un tercero, a cuyo favor concurren los presupuestos del artículo 2900, se sitúa al lado de los demás casos examinados en este capítulo.

8. Para ultimar la reseña de las hipótesis en que el pago, si bien efectuado en manos de quien no puede ser considerado, a base del contenido de la relación, destinatario de la prestación, determina, sin embargo, la liberación del deudor, quedan todavía por examinar las dos figuras previstas en el segundo párrafo del artículo 1188, las cuales subordinan la eficacia liberatoria del pago «hecho a quien no estaba legitimado para recibirlo» a la ratificación o al provecho del acreedor. Mientras la colocación en el presente capítulo de los casos hasta aquí examinados hacía surgir, como hemos visto, dudas en el sentido de que la eficacia liberatoria anudada automáticamente a la ejecución de la prestación en manos del tercero podía justificar la idea de que tal eficacia debiese reconducirse a una correspondencia entre la prestación efectuada y la debida, ninguna duda de tal género puede surgir respecto a las dos hipótesis ahora en examen, desde el momento en que en ambas la liberación del deudor no sigue automáticamente a la prestación efectuada en manos de un tercero, sino a un supuesto más complejo, frente al cual es suficiente considerar la separación cronológica entre el pago al tercero y el efecto extintivo para estar ciertos de que tal pago constituye un *indébito,* al cual es anudada la eficacia liberatoria por el sobrevenir la ratificación o el provecho por parte del acreedor.

Presupuesto para la aplicación de la norma es la referibilidad del pago ejecutado en manos del tercero a la obligación que liga al *solvens* al acreedor, más que al *accipiens.*

La constatación de esta referencia es más fácil cuando, en el momento de la ejecución de la prestación, está exactamente indi-

---

riesgo respecto al control de tal legitimación, inconveniente que nos parece el obstáculo decisivo contra la admisibilidad de una obligación de prestar al tercero que pretenda el cumplimiento *utendo iuribus:* sin embargo, a falta de una norma derogatoria, no es sostenible la inaplicación de un principio de Derecho positivo sólo porque se entienda que, concurriendo ciertos presupuestos, no se verificarían aquellos inconvenientes, cuyo temor ha justificado, en el plano de la política legislativa, la solución adoptada.

vidualizada, también bajo el aspecto subjetivo, la relación a cuyo cumplimiento está destinada la prestación. Esto se verifica cuando el *accipiens* haya actuado como representante del acreedor o bien como gestor en interés del acreedor, o bien en su sustitución *utendo iuribus,* sin que subsistan los requisitos de la representación, de la gestión de negocios útil o de la acción subrogatoria. En todos estos casos el pago no determina ciertamente la liberación del *solvens,* pero no pueden surgir dudas acerca de la relación sobre la cual habría debido incidir el pago, si no hubiese faltado el presupuesto de legitimación.

Por el contrario, mayores dificultades pueden surgir cuando el *solvens* efectúe la prestación en manos del tercero, creyendo erróneamente que este último sea el acreedor. En tal caso, en efecto, la relación que el *solvens* pretende extinguir no es, en rigor, la que efectivamente le liga a su acreedor, y respecto al cual él ha caído en error acerca del destinatario de la prestación, sino que es una distinta (inexistente) relación, que lo ligaría no al verdadero acreedor, sino al *accipiens.* Hemos ya visto, sin embargo, a propósito del pago al denominado acreedor aparente, cómo estas dificultades quedan superadas cuantas veces la *solutio,* aunque efectuada en manos del tercero, sea referible, a base a la intención solutoria con que es efectuada la prestación, a la relación que liga al deudor al verdadero acreedor.

Precisado así el presupuesto necesario para que pueda tener eficacia la posterior ratificación o el provecho del acreedor, detengámonos sobre el examen de estos dos elementos. El provecho, concepto genérico, subsiste cuantas veces sea posible concluir que la prestación destinada al acreedor haya determinado para él indirectamente una ventaja equivalente a la que le habría procurado si hubiese sido efectuada directamente en sus manos. Se puede, por tanto, decir que concurre no solamente cuando el *accipiens* haya entregado al acreedor lo que ha recibido del deudor, sino también cuando el acreedor y el tercero se hayan puesto de acuerdo para atribuir a la prestación recibida por este último una eficacia frente a sus relaciones directas, o bien el *accipiens* haya empleado a favor del acreedor cuanto ha recibido del deudor.

Por lo que se refiere a la ratificación, es necesario entender el término como genérica expresión de la posibilidad de recuperar el acto, consintiéndole la eficacia a que era destinado, mediante la sustitución del requisito de legitimación que faltaba con una sucesiva declaración de voluntad del acreedor. Este no aprueba, como podría entenderse, el comportamiento del *accipiens,* esto es un acto de gestión (o de disposición) de su patrimonio, pero aprueba el comportamiento del deudor, como está demostrado por el hecho de que, para establecer la coligación entre la *solutio* y el derecho del acreedor, es indiferente la intención del *accipiens,* debiéndose hacer exclusiva referencia al comportamiento del *solvens*[48]. La ratificación del pago efectuado a un tercero considerado erróneamente destinatario del pago es, por tanto, considerada como una declaración con la cual el acreedor establece una equivalencia entre la prestación efectivamente debida y la ejecutada en manos del tercero[49].

---

48 Para una amplia demostración, véase mi «La ratifica del pagamento effettuato al non creditores», en *Riv. dir. civ.*, 1959, I, pág. 42 y sgts.

49 La figura prevista por el artículo 1188, párrafo 2.°, por tanto, no es reconducible a la ratificación prevista por el artículo 1399, con la cual «un sujeto hace activo y eficaz por sí un *negocio* que otro ha establecido sobre el patrimonio del primero» (Cariota Ferrara, *Il negozio giuridico,* Nápoles, s.a., pág. 169).

El Pago al Tercero,
de Piero Schlesinger se imprimió en GOWA Digital
Buenos Aires - República Argentina en agosto de 2017

www.ingramcontent.com/pod-product-compliance
Lightning Source LLC
LaVergne TN
LVHW082238051026
849532LV00012B/4029